大木ゆきの



扶桑社文庫
0819

本書は、2022年刊行の書籍
『繊細さんは宇宙に愛されエスパー』に
加筆・修正を行った作品です。

ブックデザイン　小口翔平＋畑中 茜（tobufune）
イラスト　高田真弓

誰よりも気配りができて、
みんなには「いい人」って言われるけど、
なんだかそれって疲れやすくて、
本当は傷ついていることも……。
でも、そんなことは言えず、
そっと自分の心の内にしまっておく。

繊細でやさしい心を持っているがために、
ちょっと生きづらいなぁと思っている人、
意外に多いんじゃないでしょうか？

もし、あなたもそんな人なら、
はっきり言います。

あなたには、

# ものすごい才能があるんです！

そのことに、お気づきですか？
あなたがその才能に気づき、
意図的にその力を使うなら、
おめでとうございます！

ドーン

あなたは、
宇宙の
無限の恩恵を
いくらでも
引き出せる
ようになる！

あなたには、こんなことがありませんでしたか？

- 天気予報では午後から雨だったけど、なんとなく大丈夫な気がして家を出たら、建物に入っているときだけ雨が降り、外に出ると雨が上がっていた
- いつもは行かないスーパーになんとなく入ったら、欲しいと思っていた野菜が大安売りになっていた
- 冷蔵庫の中の残り物を見ただけで、新しいメニューがひらめき、早速作ってみたら家族に大好評だった
- 家にある観葉植物の元気がないとき、植物がどうしてほしいのか、なんとなくわかるので、いつも復活させられる

・相手がどういう気持ちなのか、なんとなくわかるので、人の機嫌を損ねることがあまりない

・車を運転しているとき、なんとなく高速に入りたくない気がして、下道を通っていたら、高速が大渋滞していた

・家の中で探し物をしているとき、どこに置き忘れたか、パッとひらめき、見つけられることがある

・家の中に入ってきた虫に、外に出ていってほしいと念じたら、窓のそばまで行ってくれて、窓を開けたら外に飛んでいってくれた

・何か問題が生じたとき、その後の展開がなんとなくわかるので、的確に手を打てることが多い

いかがですか？

「そういえば、そういうことがよくある」って思いませんでしたか？

繊細なあなたは、繊細だからこそ、人よりも敏感に目に見えないもの、言葉にならないものを察知する能力が高いのです。

実は、自分をうまくコントロールする術さえ身につければ、繊細な人ほど思いのままの人生を創造できる人はいないんです。

この本には、そんな〝繊細さん〟と呼ばれるHSPの方が、生まれ持った能力を活用するにはどうすればいいのか、といったことが書かれています。

もしかすると、これまでは繊細であることで苦労が多かったかもしれません。

でも、これからは違います！

必要のないことには翻弄されないようにシールドを張り、必要なときにその繊細さを最大限発揮して、最高の人生を思うままに創造していけるようになるでしょう。

# 行け！
# 繊細さんを救うのだ

## 第1章 繊細さんは生まれつきの幸せエスパー



## 第2章 繊細さんが宇宙とつながりやすいワケ

## 第3章 繊細さんが宇宙の力をフル活用するための能力の高め方

# 第4章 繊細さんの恋愛へのエスパー能力活用法

## 第5章 繊細さんの仕事へのエスパー能力活用法



## 第6章 繊細さんのお金へのエスパー能力活用法

## 第7章 繊細さんは最強の幸せ者になれる

第1章

# 繊細さんは生まれつきの幸せエスパー

## 繊細さんは、あらゆるものを敏感に察知してしまう人

Highly Sensitive Person。その頭文字を取って、HSPと呼ばれる人たちがいます。HSPとは、アメリカの臨床心理学者、エレイン・アーロン博士が提唱した、**生まれつき敏感な気質を持っている人**のことです。

HSPは日本では〝繊細さん〟とも呼ばれ、**5人に1人はいる**と言われています。

その主な特徴をご紹介しますね。

### 人が発するエネルギーなどに敏感に反応しやすい

繊細さんは、人がたくさんいるだけで、具合が悪くなることも珍しくありません。

大音量はもちろん苦手ですが、**大声で話をされるだけで、怒られているような恐怖を感じたりもします**。

匂いの強いものも苦手なので、レストランで香水をつけている人がそばにいると、

食欲がなくなることもあります。

## 何事も自分のことのように感じ、感情が揺れ動く

言葉にしなくても、**相手が感じていることを敏感に察知できるので、それを自分のことのように感じてしまう**ところがあります。

だから、それがたとえテレビドラマであっても、悲しいストーリーだったら、それが自分に起こっているかのように悲しくなり、ふさいだ気分になることもあります。

現実の世界でも、不機嫌な人がそばにいると、自分のせいで不機嫌になっている気がしてビクビクしてしまうこともあれば、その怒りが自分にも転移して、なぜかイライラした気分になってしまうこともあります。

## 敏感に察知してしまうため、神経をすり減らしてしまう

普通の人が感じ取れないようなことまで感じ取れるからこそ、**繊細さんは受け取る刺激のキャパオーバーになりやすい**んです。それが続くと身も心も疲れ果ててし

まいます。

他の人は平気なのに、自分はどうしてこんなに弱いんだろうと思い悩んでしまうと、それがまた疲労につながってしまいます。

別に繊細さんがおかしいわけではないんですよ。刺激に対して適度なシールドをすれば、刺激から守られるようになるので、そのやり方については、後述しますね。

## 自分が至らないからではないかと責めてしまう

繊細さんは基本的に相手のことを思いやります。みんなが気分よく過ごせることを願い、平和を望んでいる人です。

その思いやりがHSP以外の人よりも大きいがために、**相手の気分がよくないことを、自分が至らないからそんな気分にさせているのではないかと考えすぎてしまう**ところがあるのです。それが行きすぎると、何でも自分が悪いと自分を責めてしまい、ますます苦しくなってしまいます。

## 様々なことが気になり、一人で思い悩んでしまう

繊細さんは、人の気持ちを考えすぎてしまうがあまり、苦しんでいることを人に相談することも遠慮しがちです。なんだか相手に迷惑をかける気がするからです。

ですから、**自分の苦悩を悟られないように、人には笑顔を見せていたり、平気なふりをしたりする**こともあります。

HSPにもいろいろなレベルの人がいますが、一番深刻なHSPの人は、人に悟られないように平気なふりをしている人たちです。

「私はHSPなので、刺激が強いものが苦手なんです」と言える人はまだいいのです。

でもHSPの傾向が強くなるほど、もしもそんなことを人に言って、相手に気を遣わせてしまったら申し訳ないと思ってしまうので、自分がHSPだなんて言えずに、一人思い悩んでしまいます。

私はそんな真正のHSPの人の力になりたくて、今、この本を書いています。

きっと活路が開けますから、最後まで読んでくださいね。

アーロン博士が作った、自分がHSPかどうか判定するためのセルフチェックがあるので、興味のある方は、「HSP　セルフチェック」というキーワードで検索してみてください。すぐにヒットすると思います。

アーロン博士のセルフチェックでは、27問中14個以上「はい」なら、おそらくHSPだと判定されます。でも、仮に14個も「はい」がなくても、その中のいくつかがとても強く当てはまるなら、やっぱりHSPの傾向が強いと思います。

HSPは5人に1人はいると言われていますが、実際にはもうちょっと多いような気もしますし、同じ人でも、自己否定が強い時期は、先天的なHSPでなくとも、HSPの傾向が強くなるということもあります。

この本は、HSPの人にも、HSP的な状態になっている人にも、どちらにもきっとお役に立てると思います。

## 繊細さんがツラくなる本当の理由

繊細さんは、すべてのものを敏感に察知できるという素晴らしい才能に恵まれた人です。本質的に敏感であることは悪いことではないし、病気なわけでもありません。

けれども、他の人が気にならないことが気になってしまう自分を、ダメな人間のように思っていたり、こんな気質じゃなきゃよかったのにって思ったりするところがあるのではないかと思います。

実は、繊細さんがツラくなる一番大きな理由は、様々なことを敏感に感じ取ってしまうこと自体ではないのです。

それよりも、**敏感に感じ取る自分を否定してしまうことが、ツラさを引き起こしているの**ではないかと思います。

繊細さんが何かを敏感に感じ取ったとき、どういうことが起こっているのかというと、

**敏感に何かを感じ取る**
←
**感情が揺れ動く**
←
**不快な気分になっている自分をイヤだとか、ダメだとか感じる**
←
**自分が嫌いになり、ますます刺激も嫌いになる**

こういう回路になっている気がするのです。

敏感に感じ取ること自体は才能であり、特性なんですよ。それはいけないことではありません。それを否定しなくてもいいのです。

もう1つのツラくなる理由は、**敏感であることをいけないことだと思って、無理してしまう**ことです。

先ほどＨＳＰの人の、一人で思い悩むという特徴をご紹介しましたが、周りの人に気を遣う繊細さんほど、平気なふりをしたり、我慢してしまったりする傾向があるのです。

誰にも言わずに、一人で抱え込んでしまうと、繊細であるということを周囲の人に理解してもらえなくなるばかりか、ストレスをため込んでしまうので、限界まで来て突然倒れてしまうこともあります。

ですから無理はしないでくださいね。あなたのことを理解してくれる人も想像以上に多いですし、５人に１人はＨＳＰと言われていますから、身近にそういう仲間もきっといるはずです。

もしも、自分がＨＳＰであるなら、あるいはその傾向があるなら、まずは、そんな自分を丸ごと受け入れてあげてください。

すべてのことを敏感に感じ取れるということは、素晴らしい才能なのです。

**才能を活かすためには、あなた自身も「繊細であることは素晴らしい才能なのだ」という認識を持つこと**です。

## 繊細さんはサイキック能力が高い

人は、言葉にしたり、見たりしたことだけを信じているわけではありません。奥さんがＨＳＰでなくとも、なんとなくご主人の様子がいつもと違うと、ご主人のウソを見抜けたりします。

相手がどんなに愛想笑いをしていても、心がこもっていなければ、あまり伝わってこなかったりしますよね。

**ＨＳＰの人でなくとも、人は目に見えないものや、言葉にならないものを感じ取る力を持っていますし、使ってもいます。**

繊細さんは、その能力がそうでない人よりも高いのです。

この世は、目に見えるものだけでできているわけではありません。

実は目に見えないものの影響力の方が大きいのです。

たとえば、満月の日は、人の心も揺れ動きやすくなりますが、それも見えない月の引力の影響によるものです。

**繊細さんは、そんな氣《き》の流れのようなものも敏感に察知できます。**察知したら、どういう行動をとることがその流れに乗ることなのかも、敏感だからこそ、察知できるのです。

だから人の気持ちも、言葉にしなくてもなんとなくわかるので、遠く離れている人の気持ちも、電話をかけなくても察知できたりします。

さらには、言葉を持たない動物や植物の発していることだって察知できます。

アニマルコミュニケーターをご存じですか？　彼らは、動物の気持ちを感じ取って飼い主さんに伝えたり、動物の体をヒーリングしたりするのですが、そういうことだって、繊細さんはおそらく習わなくてもなんとなくできてしまうでしょう。

そんな目に見えないものを察知したり、感じ取れたりする能力を持っている人たちのことを、エスパーと言ったりしますが、**繊細さんは、実は生まれながらのエスパーでもある**のです。

自分が優れた能力の持ち主であるということを、どうぞ認識してくださいね。

あなたがもし、自分が実は優れた能力を持っているのだと認めたとしたら、この先、何かを敏感に感じ取ったとしても、それをいけないことだとは思わなくなるでしょう。そして、今までのように動揺することもきっと少なくなるはずです。

さらに、エネルギーのシールドをまとうことができるようになれば、もともと敏感な繊細さんです、そのシールドの効力も敏感に感じ取って、光に守られているということも実感でき、安心していられるようになるでしょう。それに関しては第3章で詳しくお伝えしますね。

そして、シールドと周波数を変える術を活用していくことで、何を敏感に感じ取り、何を感じ取らなくてもいいのか選択するスイッチも持てるようにもなります。

まずは、あなたがどれだけ優れた能力を持っているのか、この後の「繊細さんの10の強み」を読んでしっかり認識してください。

## 繊細さんの10の強み

### 繊細さんの10の強み❶ 直感的に理解できる

繊細さんは、言葉にならないものを感じ取る力があります。つまり、左脳的な理解ではなく、右脳的な理解が得意なんですよ。

文字で読んで情報として理解するのではなく、パッと見て全体を把握できるとも言えます。

つまり、**直感的に理解する能力に長《た》けている**んですよ。

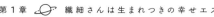

私はすべての創造の源を「宇宙」と呼んでいますが、宇宙はすべてを生み出し、すべてを見通し、すべてを動かしています。この宇宙が、言語ではないメッセージを、実は常に私たちに向かって送っています。

私自身も宇宙からのメッセージを受け取って、それを自分のブログにアップしたりしていますが、**受け取っているメッセージはいつも言葉ではなく、エネルギーの塊のようなもの**です。

私はそのエネルギーの塊のまま、宇宙が伝えようとしていることを理解します。

でも、ブログにアップするときは、読者のみなさんにも理解できるように、そのエネルギーの塊を言語に翻訳して伝えているのです。

**繊細さんは、直感的に理解できる人なので、言語化しなくても、瞬時に宇宙が伝えようとしていることを、おそらく理解できる**はずです。

人間にはそもそもエネルギーの塊のまま理解する中枢のようなものがある気がするんですよ。

その中枢が、繊細さんはすでに開かれていると思います。

今までにも、どうしたらいいんだろうと悩んでいるときに、突然、こうすればいいとひらめいたことがあるはずです。そしてその通りやったら、本当にうまくいったという経験がありませんか？

そのひらめきこそが、宇宙からのメッセージだったのです。そして、あなたはきっと、それを言語化せずにそのまま理解できたのでピンときたのです。

## 繊細さんの10の強み❷ 先が読める

繊細さんは、目に見えない気配を感じ取り、その先の展開が読めてしまうところもあると思います。

たとえば、天気予報を見なくても、今日は雨が降りそうかどうか察知できてしまったり、初めての人に会ったときに、この人がこの先、自分とどういう関係になっていくのかもわかってしまったりしませんか?

**繊細さんには、そんな未来の兆しを敏感に感じ取れる能力がある**のです。

それだけではありません。

時間を超越する感覚も持ち合わせています。

私たちが生きている三次元の世界には時間というものがあり、過去、現在、未来という時間の流れが存在します。

けれども、すべてを創造した宇宙には、そもそも時間というものがありません。

すべてがひとつなのです。

ある意味、過去も現在も未来も一緒くたになっているようなものなのです。

そんな宇宙の創造の源にも、繊細さんは頭がカラッポにさえなれば、すぐにアクセスできるでしょう。

1つ前の項目で、繊細さんは直感的に理解できるという話をしましたが、直感は宇宙からもたらされるメッセージであることをお伝えしましたよね。

つまり、**繊細さんは宇宙とつながるルートがすでに開いている**のです。ということは、時間を超越して、すべてがひとつになっている宇宙から、三次元における**未来がどうなるかという情報も受け取ろうと思えば受け取れる**人なのです。

もちろん、その人が何に意識を向けるかで、何が現実化するかが変わるという側面もあります。けれども、その人の意識の向きがどちらに向いていくのかという兆しもキャッチできるところがあるのです。

それは予言とは違います。いわば、今の中に存在している未来を敏感に感じ取る力と言えるでしょう。

## 繊細さんの10の強み❸ 相手の気持ちを読める

これはもう、繊細さんが最も得意とすることの1つでしょう。**繊細さんでなくても、人がどう思っているのか、誰でもある程度は感じ取れるところがありますが、繊細さんは、より微細なところまで感じ取ることができます。**

その能力を研ぎ澄ませていけば、本人が気づいていないほど深い潜在意識レベルにあるその人のトラウマとか、人には見せていないその人の背景も読み取ることができるようになるでしょう。

人の気持ちを感じ取ることで、その人の心の痛みまで自分の痛みのように感じて、苦しくなっていたかもしれませんが、察知する力と、それを自分のもののように移し取る力は別なものです。

シールドをうまく活用すれば、移し取らないように防ぐこともできます。

**スピリチュアルなヒーラーは、そんな潜在意識レベルの情報まで透視し、クライアントさんを癒やしたり、浄化したりしますが、繊細さんはその意味で、そもそもヒーラーとしての才能があるの**です。

## 繊細さんの10の強み❹ 自然や動物、植物と通じ合える

私たちも大きな意味では自然の一部です。

ですから人間は、基本的に自然と通じ合える力を持っています。人が自然の中に行くと、癒やされたり、元気をもらったりするのは、自然と通じ合えるからこそです。

けれども繊細さんは、とりわけ自然の美しさやパワーを深く豊かに感じ取ることができます。

繊細さんは、人混みの中の、雑多なエネルギーを人一倍感じ取って気分が悪くなる半面、自然のピュアなエネルギーも、人一倍強く受け取れます。

そして、**エネルギーを受け取れるだけでなく、そのエネルギーに込められた自然からのメッセージも受け取ることができます**。

植物は人間が悲しみや苦しみのエネルギーを発しているときは、それを吸い取って、癒やそうとしてくれるやさしさがあります。

繊細さんは、そんな心やさしい植物の気持ちも察することができます。植物が発

している、言葉にならない言葉を理解し、それに対して愛を込めて語りかけたりすることもできます。だから繊細さんの家にある観葉植物は元気で長生きするところがあるんです。

動物たちも言葉を持っていませんが、やはり繊細さんはその気持ちを察することができます。動物たちも自分たちの気持ちをわかってくれて、やさしい目で見つめてくれる繊細さんが大好きです。

だから他の人にはなかなか懐かない保護犬や保護猫たちも、繊細さんには心を開き懐いてくれます。

そして動物たちも、繊細さんの気持ちを敏感に察知して、繊細さんがツラいときにはそっとそばに寄り添ってくれたりします。

**人間と一緒にいることに疲れることがあっても、繊細さんは自然や植物や動物からは大きな癒やしや愛を受け取り、深く交流することができます。**

## 繊細さんの10の強み❺ 周波数同調能力が高い

繊細さんは、人の気持ちを自分の気持ちのように感じ取ることができます。これはつまり、**人が発している周波数に、自分の周波数を同調させることを自然にやってしまっている**ということなのです。

あらゆる周波数に自然に同調することが自覚できれば、自分が同調したい周波数を選ぶことができるようになります。そしてこのとき、愛や歓び、癒やしなどといった周波数に同調することを心がけてほしいのです。

これはなにも難しいことではなく、繊細さんは、周波数に同調できる能力がもともと高いので、特別な努力をしなくても、意図すれば、愛や歓び、癒やしなどといった高い周波数にすぐに同調できます。

そして、宇宙の周波数は愛や歓び、癒やしなどと同様に高い周波数なのです。つまり、**高い周波数に意図的に同調すると、宇宙の周波数とも同調しやすくなる**というわけです。

そうなると、**無限の宇宙から様々な恩恵がなだれ込みやすくなる**のです。

繊細さんの10の強み❻

## 周波数を感覚的に操作できる

周波数は目に見えないものですが、人も物もそれぞれの状態に応じて、なんらかの周波数を発しています。

1つ前の項目でお伝えしたように、繊細さんは、どういう周波数であるか察知できるからこそ、自分がどの周波数に同調するかを選択できるようになるのです。

それだけではありません。自分が発する周波数も、選べるようになります。

そして、**自分の周波数をコントロールすることで、豊かさでも、愛でも、自由でも、自分が受け取りたいと思うものを受け取れる**ようになれます。

受け取りたくない刺激を遮断するシールドも、繊細さんはその効果のほどを感じ取ることができるので、自分で自分の身を守れるのです。

さらに、自分が発する周波数を選んで、たとえば愛や癒やしなどの周波数を自分から人に送ることもできます。

つまり、**繊細さんは周波数の魔法使いになれる才能を持っている**のです。

## 繊細さんの10の強み❼ 表現力が豊か

たとえば朝焼けの空を見ると、繊細さんはその美しさに深く感動します。そして、いつの間にか、その美しさと自分がひとつに溶け合ってしまいます。

そのとき、**あらゆる雑念が消え、宇宙とつながり、宇宙にある無限の表現力が降りてくる**のです。

その感動を言葉にしようとすると、自分という個を超えて、宇宙の表現となるのです。

よく作家さんが、「自分が書いたんじゃない。天から降りてきたんだ」と言ったりしますが、まさにそういう現象が起こるんですよ。

それは、文章の表現力に限りません。俳優であれば演技。ミュージシャンなら演奏や歌唱。画家ならその描写。アスリートならそのパフォーマンスが神がかってしまうのです。

みんなその瞬間は、宇宙とひとつに溶け合っています。

**繊細さんには、そんな神がかった表現ができる才能がある**のです。

## 繊細さんの10の強み❽ 細やかな配慮ができる

**相手の目に見えない気配を感じ取り、相手の気持ちに寄り添って、細やかに配慮できる**ところも、繊細さんならではの素晴らしさです。

私の友だちに、何年間も社内でトップの業績を上げていたアパレルのカリスマ販売員がいるんですが、彼女はお客様を見ただけで、その人の好みがわかるそうです。

そして、その人が普段あまり着ないけれども、着たらとても引き立つコーディネートも、すぐにひらめきます。

それだけではありません。どういう接客をされるのが好みで、どのくらいの金額なら出せそうなのかもわかってしまう。ですから彼女にかかったら、お客様はおススメされた服をどうしても欲しくなってしまうのです。

初対面の人なのに、どうしてそんなことまでわかるのか？

それは彼女が繊細さんだからです。

でも彼女は、パッと見はおおらかで明るくて、繊細さんぽい、線の細い印象を与えません。でもそれは、一緒にいる相手に余計な気遣いをさせまいとする、真正の繊細さんならではの思いやりなんです。

彼女の場合は、販売に繊細さんならではの感度のよさを活かしていたわけですが、別な業種であっても、接客や秘書、教育関係の仕事など、**人を相手にする仕事には、繊細さんはズバ抜けた才能を発揮できる**と思います。

自分の仕事を通して、相手が歓んだり、楽しんだり、癒やされたり、幸せな気持ちになったら、繊細さんは人一倍うれしいんですよ。

なぜなら、**相手の気持ちを自分のことのように感じ取れるから、相手の幸せが自分の幸せにもなる**からです。

けれども、自分が人を幸せにしなければならないと気負う必要はありません。

そうなると繊細さんには、その気負いが重荷になり、苦しくなってしまいます。

そういう無駄な重荷を背負わずに、歓びにフォーカスしていくやり方については、後述しますね。まずは、自分の細やかな配慮が素晴らしい才能であることに気づいてあげてください。

### 繊細さんの10の強み❾ 人と群れずにいられる

たくさん人がいると、どうしてもいろんな人の発する氣を敏感に感じ取ってしまい、疲れてしまうことの多い繊細さん。

余計な邪気から身を守る方法については後でご紹介しますが、繊細さんにとっては、たとえ邪気を吸わないようにできたとしても、やっぱり一人でいる時間が必要なんですよ。

周囲のざわめきや雑多なエネルギーから離れて、自分を休ませ、ケアすることで、やっと復活できるところがあるからです。

誰かがいつもそばにいないと寂しくてしょうがないという人もいますが、**繊細さんは逆に一人でいることができる**人だとも言えます。

誰にも気を遣わずに、一人で自然の中を散歩したり、旅をしたり、大好きなものを、お気に入りのレストランでゆっくり一人で味わう楽しさも知っている。

かといって、みんなの輪を壊すような無神経なことはしない。

ちょうどいい距離感を保って、自分は自分でいられる人なのです。

## 繊細さんの10の強み⑩ チャネリング能力がある

繊細さんは、周波数同調能力が高いという話をしましたよね。ということは、光の存在の周波数にもすぐに同調できる素地があるということなんですよ。

ですから、繊細さんは、神様や女神、妖精や精霊などの周波数に同調することも、そんなに難しくありません。

そして、そんな**目に見えない存在からのメッセージをチャネリングする能力もあっという間に身についてしまいます**。おそらく習わなくても、ただその光の存在を思っただけで周波数を同調させられ、同調したとたんに、光の存在が伝えようとしているメッセージをあっさり受け取ってしまうでしょう。

それは光の存在に限ったことではありません。すべてのものは特有の周波数を発していますから、たとえば亡くなった人が、家族に伝えたいと思っていることも、その人の周波数に同調させれば、伝えることができるでしょう。つまり**霊媒的な資質もある**ということです。

## 繊細さんの能力は、人生のあらゆる側面で活かせる

いかがでしたでしょうか？

繊細さんには、たくさんの素晴らしい能力があることに気づきましたか？

そして、そんな自分に誇りを持てたでしょうか？

これまでは、繊細であることで、苦しい思いをすることもあったでしょう。

でも、**繊細さんはシールドと選択の意思を強く持つことで、その優れた能力を人生のあらゆる側面で活かすことができる**のです。

前の項目でご紹介した能力だけでなく、他にも小さなミスに気づける能力や、丁寧さ、こだわり抜く完成度の高さなど、まだまだたくさんの能力に恵まれています。

たとえば、周波数同調能力の高さは、人生全般において、自分の精神状態を常に健全に保つために大いに活用できます。

たとえ滅入《めい》るようなことがあったとしても、そのまま沈んだ気分に引きずられる

ことなく、自分から高い周波数に合わせて、心を落ち着かせ、前向きにすることができるでしょう。

人間関係では、相手を選ぶということを自分に許すなら、もともと相手の気持ちに寄り添えるし、適度な距離感も保てるので、気の合う人とは長くいい関係を保てるでしょう。

仕事においても、ズバ抜けた接客能力や、相手の気持ちを敏感に察する力を活用すれば、驚くべき業績を上げられるでしょう。

特に芸術分野では、天才的な表現をすることで、たくさんの人に感動や勇気を与えることもできるでしょう。

もしもスピリチュアルな分野で仕事をするなら、ヒーラーとしてもチャネラーとしても、アニマルコミュニケーターとしても、カウンセラーとしても、とても優秀だと思います。

それらの高い業績は、もちろん収入の高さにもつながるでしょう。

また、プライベートでも、自然の美しさに人一倍感動できる繊細さんですから、山歩きや旅、あるいは自然の写真を撮ったり、その感動を詩にしたり、様々な趣味を楽しむことができるでしょう。

一人で集中して物を作る楽しさもきっと満喫できます。ですから料理や手芸、陶芸、DIYなども、きっと楽しめると思います。

つまり、繊細さんは楽しくて豊かな人生を創造できる人なんですよ。

「どうして、人が気にならないことが気になって仕方ないのだろう？」

「すぐに疲れて、へとへとになってしまう自分は、いったいどうなっているんだろう？」

そんなふうに思ったこともあったかもしれません。

でも、繊細であることのマイナスな側面は回避できます。

そして、せっかく生まれ持ったその高い能力を、人生のあらゆる側面でぜひ活かしてください。

繊細さん、あなたにはそれだけの力があるのです。

## 繊細さんは宇宙とツーカーになりやすい

宇宙とツーカーになるには、宇宙の周波数に同調させればいいのです。

宇宙の周波数は、愛や光、歓び、楽しさ、癒やし、安心、豊かさなど、人が幸せに感じることのすべてを包括したような周波数です。

そんな周波数に同調させることができれば、宇宙の無限の豊かさが、どんどんなだれ込むようになるのです。

それは、放送局の周波数に合わせれば、ラジオが聞こえてくるのに似ています。

無限なる宇宙という周波数に合わせるなら、無限なる豊かさがなだれ込んでくるのです。

もともと**周波数同調能力の高い繊細さんは、すぐに宇宙の周波数にも同調できる**ようになります。

今までは、とにかく外の世界にあふれ返る様々な周波数を全部キャッチしてしまって疲れていたかもしれませんが、**低い周波数はシールドではね返し、自分から高い周波数に同調させるようにすればいいだけのこと**なのです。

自分は周波数を選ぶことができない、いろんな周波数を受け取って疲れてしまうだけだと思ってしまう人もいるかもしれませんが、それは大きな勘違いです。

たとえば、家の中でガタガタ大きな音がしていたとします。その原因がわからなければ、ただその音に怯え続けなければいけないでしょう。

でも、その音は、２階の大きなテーブルがガタついていて、階段を上る振動によって生じていたという原因がわかれば、すぐにテーブルがガタつかないような対処ができますよね。

繊細さんの疲労感もこれと同じです。その疲労感は、様々な周波数に無防備に同調していたからだという原因がはっきりしたわけですから、同調しない周波数を自分で決めてシールドではねのければいいんです。

そもそも繊細さんは周波数同調能力が高いだけでなく、人が気づかないような微細なことも察知できる能力が高いです。

ということは、宇宙が繊細さんに向かって発しているエネルギーも察知しやすいんです。

宇宙は叡智《えいち》や情報を、言語を超えたエネルギーの塊で伝えますが、繊細さんはその解読力も高いわけですから、瞬時にそれを理解できます。

宇宙の周波数にも同調できるし、宇宙が発しているエネルギーもしっかりキャッチし、しかも理解できる。その上、その叡智や情報を、言葉に翻訳して伝えるとしたら、表現力も高いので、自分だけでなく、人のためにもその情報を提供することもできる。

もうね、こんなに宇宙とツーカーになりやすい人なんていませんよ。そんな自分に生まれてきたことを、今日はぜひ歓んでください。そして、誇りに思ってください。

次の章では、もっと詳しく繊細さんが宇宙とつながりやすいワケをお伝えしていきますね。

# 第2章

# 繊細さんが宇宙とつながりやすいワケ

## 宇宙の基本法則

繊細さんが宇宙とつながりやすいワケを詳しくお伝えする前に、まず宇宙の基本的な法則についてお話ししようと思います。

宇宙の基本法則を理解すれば、繊細さんがその法則をいかに活用できる能力があるのかも、理解しやすくなると思います。

### 宇宙の基本法則❶ 宇宙はすべての創造の源

ここで言っている「宇宙」とは天文学的な宇宙ではありません。

私は、**この世界のすべてを生み出した創造の源を宇宙と呼んでいます**。宇宙はすべてを生み出したわけですから、すべてを動かし、すべてを見通し、すべてを把握しているのです。

ですから宇宙は、あなたが忘れてしまっているような過去のことはもちろん、あなたの過去や未来のことまですべてわかっています。

さらに、あなたがどうすればより幸せになれるのか、そのためにどういう経験が必要であるかもすべてわかっています。

### 宇宙の基本法則❷ 宇宙はすべてなるもの

宇宙はすべてを生み出したわけですが、神様と言われるような「個体」ではありません。

三次元では私とあなたが存在し、すべてが別々にあるように見えますが、それは三次元特有の幻想なのです。

宇宙という真実の領域には、そんな分離はありません。時間も空間もありません。

それを言葉で表現することには無理があるのですが、**あえて言うなら、「ひとつであり、すべてなるもの」なのです**。

私たち人間も、深い瞑想状態に入って覚醒すると、宇宙がひとつであり、すべてなるものであるということが、理屈を超えて腑《ふ》に落ちます。

それはまさに、理論的に理解するようなものではなく、直感的に理解するものなのです。

覚醒体験をした人はみな、その真実に触れます。

私たちも、別々に存在しているようで、実はひとつなのです。宇宙とも切り離されているわけではありません。

けれども頭が思考でいっぱいの状態だと、その「ひとつ」の感覚が遮断されるので、あたかも分離という幻想が現実であるかのように感じてしまっているだけなのです。

## 宇宙の基本法則❸ 宇宙はあなたのすべてを愛してる

宇宙はすべてを生み出しました。

ということは、あなたという魂を生み出したのも宇宙です。人間存在としてのあなたを生み出したのは両親ですが、魂自体は宇宙が生み出しました。

そして宇宙にとってあなたは、ある意味宇宙の分身であり、宇宙の最高傑作でもあるのです。

宇宙は、あなたのような魂を生み出したくて生み出したのです。

人間の場合は、好き嫌いがあります。気に入らなければ見捨てたり、条件を満たさなければ愛さなかったりすることもあるでしょう。

けれども、宇宙は愛することに、どんな条件もつけません。

宇宙の愛は人間の愛など、はるかに超越した無条件の愛なのです。

**あなたがどういう状態であろうと、宇宙はその背景も含めて、すべてを理解しています。そしてただただ愛し、どんなときも、あなたが真に満たされ幸せになっていくように導き続けます。**

## 宇宙の基本法則❹ 必要なものはすべてである

宇宙はすべてを生み出し続けている、すべてなるものです。

ですから、**宇宙に足りないものなどない**のです。

そして、**そんな宇宙と本質的にはひとつである私たちも、実は足りないものなど**

**ありません**。

宇宙の無限の宝庫を、私は宇宙銀行にたとえたりします。そんな宇宙銀行の自分の口座から、私たちはあらゆるものを引き出し可能なのです。

人間社会にある銀行は基本的にお金しかありませんが、宇宙銀行にはお金のような豊かさだけでなく、能力も、幸運も、ご縁も、健康も、三次元ではまだカタチになっていないあらゆるすべてがあります。

### 宇宙の基本法則❺ すべては特有の周波数を発している

では、どうすれば宇宙銀行から様々な豊かさを引き出すことができるのか？

その話をする前に、まず、すべてに特有の周波数があるということを理解しておく必要があります。

すべてが本質的にはひとつであるということを、基本法則②でお伝えしましたよね。

三次元では、私とあなたが存在し、すべてのものが別々に存在しているように見えます。けれども実は、微細な粒子が集まって形があるように見えているだけです。粒子と粒子の間には大きな隙間があります。でも、その隙間は私たちの肉眼では認識できないので、形があるように見えているだけなのです。

その粒子は振動をしていて、その特有の振動が周波数を帯び、目には見えませんが外に向かってその周波数を発しているのです。

**周波数は、形のあるものだけにあるわけではありません。**あなたが何かを思えば、**その思いも周波数を発します。**

そして、**すべての創造の源である宇宙は、そんな周波数の中でも、愛や光、歓び、豊かさ、楽しさ、癒やし、信頼、安心など、すべての佳《よ》きことを包含した最高の周波数**なのです。

## 宇宙の基本法則❻ 意識が現実を作り出す

では、どうして粒子が集合するのか？

似たような周波数を発する粒子が集まって、現実が創造されるのです。

ですから、**あなたが歓びや幸せを感じているなら、あなたから歓びや幸せの周波数が出て、その周波数に応じて歓びや幸せの粒子が集合し、歓びや幸せを感じることが現実化する**とも言えます。

これはつまり、自分が発する周波数をコントロールできたら、あなたの人生を変えることもできるということです。

先ほど、宇宙銀行にはあらゆる豊かさがあり、それを引き出すことが可能だという話をしましたが、**あなたの周波数が宇宙の周波数と同調するなら、宇宙銀行からあらゆる豊かさを引き出すことができる**のです。

基本法則③で、宇宙はあなたを無条件に愛しているということをお伝えしましたよね。

ということは、あなたが自分のすべてを受け入れ、無条件に愛するなら、やはり宇宙の周波数と同調するようになるので、あなたの人生にすべての佳きことが現実化しやすくなるのです。

## 宇宙と周波数の仕組み

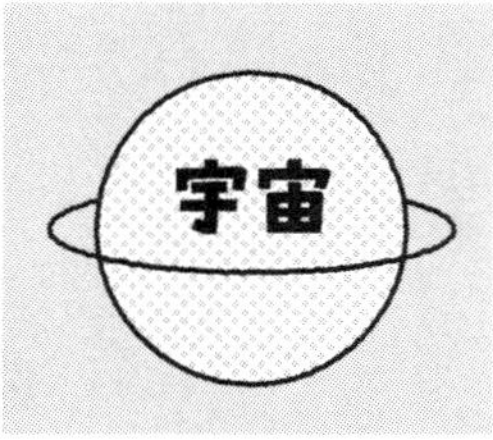


☆ あらゆるものやことは、周波数を発している

☆ 宇宙は、愛や光、歓び、豊かさ、楽しさ、癒やし、信頼、安心など高い周波数でできている

☆ 宇宙の周波数と同調すれば、良い現実が創造できる

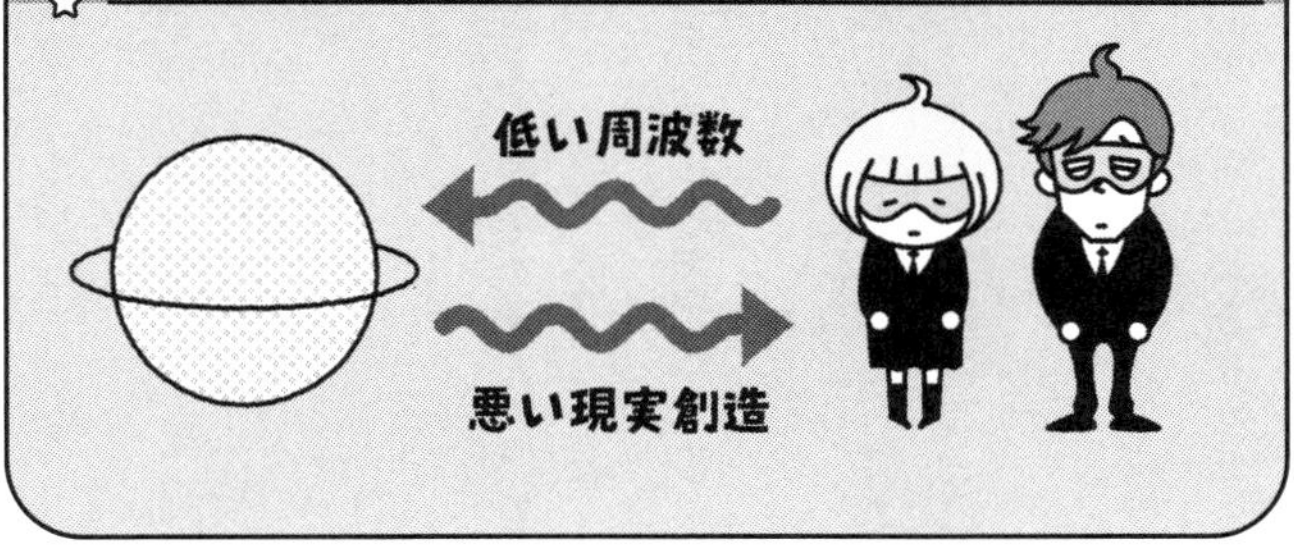

# おまかせすれば想像以上のことが起こる

宇宙はすべてを生み出し、すべてを見通し、すべてを動かせます。

こんなことができるのは宇宙だけです。

私たち人間は、自分の思い通りになることこそが、最高のことだと思い込んでいるところがあります。

でも、**宇宙から見れば、私たちの思い通りなどはるかに超えた最高が見えています。**

それなのに、自分の思い通りに執着してしまうと、宇宙が自在に力を発揮する邪魔をしてしまうことになるのです。

ですから、自分にできることはするとしても、それによってどうなろうと何が起ころうと、**結果については宇宙におまかせしてしまった方が、宇宙が自在に力を発揮しやすくなる**のです。

そうなると、宇宙は私たちの想像を超えるミラクルを、次々放り込みやすくなります。私自身も、自分にできることはやりつつ、結果に関しては宇宙におまかせするようになったら、ビックリするようなミラクルが次々起こりました。

私はこの仕事を始めた頃、地元ＦＭで番組を持って、パーソナリティをやりたいと思っていました。車の中でＦＭを聞いているとき、自分がパーソナリティになったらどんなトークをするか、その気になって一人でトークしまくるという怪しいことをやっていたのですが、それがとても楽しくて、私の頭の中には、すっかり番組プログラムの構想ができ上がっていました。

当時は個人セッションをやっていたのですが、ある日リピーターのお客さんの紹介で、その方の義理の妹さんがやって来ました。

セッションの後、その方は自分の名刺を出しました。なんとその名刺は、私がパーソナリティをやりたいと思っていた地元ＦＭのパーソナリティの名刺だったのです。

しかも彼女はパーソナリティをやっているだけでなく、ラジオ番組の編成会議にも出ているような人だったのです。

そして、私が実はそのＦＭで番組を持ちたいと思っていたと話したところ、企画書を出してくれたら、会議にかけて検討すると言ってくれました。

すると、あっという間に編成会議に企画が通り、私は毎週30分の番組を持てるようになりました。

今はYouTubeやポッドキャストなど、自分で番組を配信できる時代になったので、ラジオパーソナリティは卒業しましたが、9年間もやらせてもらいました。

宇宙はこんなふうに、信じられないようなミラクルを放り込んできます。

宇宙に最大限力を発揮してもらうには、やはり宇宙の周波数と同調するように日々高い周波数で過ごし、どんな自分のことも愛すること。そして、自分にできることを楽しみながらやり続けることだと思います。

繊細さんには、そんな宇宙の法則を活用できる素地があるんです。

それについて、これからお話ししていきますね。

## 繊細さんは周波数を感覚的にわかっている

宇宙銀行から、様々な恩恵を引き出すには、自分の発する周波数を、宇宙の周波数に同調させることだとお伝えしましたよね。

宇宙の周波数は、あらゆる周波数の中で最も高い周波数です。愛や光、豊かさ、楽しさ、癒やし、信頼、安心など、すべての佳きことを包含した周波数です。

けれども、**自分が発している周波数が今どうなっているのかを感じ取れなければ、宇宙の周波数と同調させようと思っても、なかなか難しい**ところがあります。

その点、目に見えないものや、言葉を超えたものを感じ取る力が優れている繊細さんは、周波数の違いも、しっかり感じ取ることができます。

**低い周波数のときは明確に気分が悪くなるのに対して、高い周波数のときは、明らかに心地よく、幸福感にあふれる感じがしてくる**のです。

その違いを感じ取れるからこそ、自分の周波数を意図的に上げて、宇宙の周波数に同調させることができるのです。

繊細さんは、人が発している様々な周波数を無防備にキャッチして、疲れてしまうところがあったと思います。

けれども意図的に高い周波数に同調させるようにすれば、低い周波数から身を守ることもできます。なぜなら、**低い周波数は高い周波数に同調することはできないので、こちらが高い周波数を発しているなら、それが低い周波数をはねのけることにもつながる**からです。

要は、**周波数の違いを感じ取るだけでなく、何を思ったり感じたりすれば、周波数がどう変わるのかを把握することが重要**なのです。そうすれば、自分の周波数を自在にコントロールできるようになります。

それも繊細さんなら、一度その感覚を覚えたら、すぐにできるようになるでしょう。

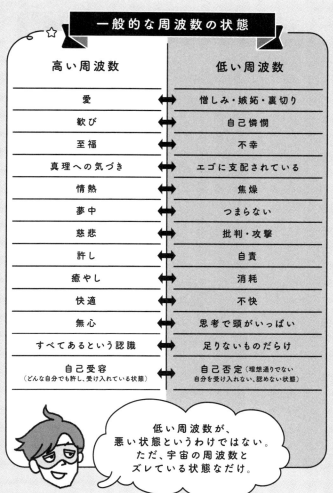

## 一般的な周波数の状態

| 高い周波数 | | 低い周波数 |
| --- | --- | --- |
| 愛 | ⟷ | 憎しみ・嫉妬・裏切り |
| 歓び | ⟷ | 自己憐憫 |
| 至福 | ⟷ | 不幸 |
| 真理への気づき | ⟷ | エゴに支配されている |
| 情熱 | ⟷ | 焦燥 |
| 夢中 | ⟷ | つまらない |
| 慈悲 | ⟷ | 批判・攻撃 |
| 許し | ⟷ | 自責 |
| 癒やし | ⟷ | 消耗 |
| 快適 | ⟷ | 不快 |
| 無心 | ⟷ | 思考で頭がいっぱい |
| すべてあるという認識 | ⟷ | 足りないものだらけ |
| 自己受容（どんな自分でも許し、受け入れている状態） | ⟷ | 自己否定（理想通りでない自分を受け入れない、認めない状態） |

## 繊細さんは宇宙の法則も体感でわかっている

この章の冒頭で、宇宙の基本法則をお伝えしました。この宇宙の法則は、目に見えるようなものではありませんが、明らかに三次元に影響を与えている法則です。

そもそも**繊細さんが、なぜあふれ返る様々な周波数を感じ取っていたかと言えば、三次元ではすべてが別々に存在しているように見えますが、実はすべてはひとつであり、つながっているということを体で感じ取っていたから**です。

もしも、完全に別々に存在しているだけなら、繊細さんは人混みの中にいても、疲れることはなかったでしょう。

言葉にしていない相手の気持ちがわかるのも、私たちがそもそもつながっていて、ひとつだからです。

つまり、繊細さんは、宇宙の法則というものを知らなくても、すべてがひとつであるということを感覚的にわかっていたのです。

そして、**境界線があいまいで、すべてがひとつにつながっていることを感覚的に感じているからこそ、足りないものなどないということも感覚的に理解できる**のではないかと思います。

さらに、繊細さんは、先が読めるところがありますが、それは自分も含めて人がどっちに意識を向けているかを敏感に察知しているからだと思うんですよね。

それが気配や兆しとして感じられるので人が意識を向けたことが、現実化していくということも理屈ではなく、感覚的にわかるのではないかと思います。

こんなふうに、繊細さんは実は**言葉で宇宙の法則を説明されるまでもなく、自分の感覚を通して、それが真実であることを、直感的にわかっている**んだと思います。

## 繊細さんは、何が真実か見抜き、一度深く理解すると多くのことを見いだせる

目に見えるものや、理屈で物事を理解する左脳型の人たちと違って、繊細さんはすべてを感覚的、かつ直感的に理解できます。

つまり、**科学的に証明されなくても、言葉で説明されなくても、自分の感覚を通して、それが真実かどうかを見抜く力を持っている**のです。

人が自分の本当の気持ちを話しているのか、ウソをついているのか見抜くことなんて、繊細さんにとっては朝飯前。逆に、どうしてウソだとバレているのに、しゃあしゃあとウソがつけるのかが不思議で仕方ないでしょう。

宇宙の法則のようなことも、それが真実かどうか感覚的に見抜けます。

それが自分の経験を通してやっぱり真実だったと一度腑に落ちたら、人から習わなくても、本を読まなくても、さらにその奥義まで追究できます。

もともと、何事も丁寧で精度の高いパフォーマンスをしようとする繊細さんです

から、**一度深く探究しだしたら、徹底的に深掘りし、多くの人がまだ気づいていないような真理も見いだせる**でしょう。

そして、それを得意の表現力で、世間にアウトプットしていったら、たちまち注目を集めるでしょう。

ですから、繊細さんは宇宙の法則を活用できるだけでなく、追究もできるし、スピリチュアルな世界で成功できる人でもあるのです。

ただこれまでは、自分のそんな才能を自覚していなかったがために、自信を持って探究しなかったり、発信してこなかっただけです。

この本を読んで、自分の才能の豊かさに目覚め、活用していってください。

## 高い周波数と同調するコツさえつかめば、宇宙の恩恵を思うままに引き出せる

繊細さんは、目に見えないものやあらゆる周波数を敏感に察知してしまうので、その刺激に翻弄され、疲れてしまうことがあります。

けれども、**どういうときに自分が高い周波数でいられるのかを注意深く観察することもできる**はずです。

たとえば、

この言霊《ことだま》を唱えれば即座に周波数が上がるとか、

どういうシールドをすれば、低い周波数に引っ張られなくなるかとか、

この香りを嗅《か》げば、気持ちが落ち着き、正気に戻れるとか、

ないものではなく、すでにあるものに感謝すると心が安定するとか、

空を見上げて深呼吸するとスッキリするとか、

家の猫ちゃんと一緒に遊ぶとイヤなことを忘れるとか、

コーヒーを淹《い》れて飲むとホッとするとか、

温泉に入ると浄化されるとか、

……。

**実際にやりながら、自分の周波数を上げるコツをつかんでしまえば、何があろうと、自分の周波数を高めに調整していけるようになる**でしょう。

そして、自分の周波数を高めに安定化できたなら、宇宙の周波数と基本的に同調している状態になるので、こちらからわざわざ頼まなくても、宇宙の無限の宝庫から、宇宙の恩恵がガンガン流れ込むようになるでしょう。

## 繊細さんは宇宙からのメッセージも実は日常的に受け取っている

繊細さんは、周囲が発している周波数を察知しているだけでなく、そのカンの鋭さから、**どうしたら問題を解決できるかとか、どっちに進めばいいのかなど、宇宙からのメッセージを自然に受け取っている**ところがあります。

自分から意識的に宇宙に聞いて、情報を受け取っているというよりは、すでに宇宙につながるルートが開いていて、そのルートを通して、情報が自然に流れ込むと言った方がいいでしょう。

でも、よくよく振り返ってみれば、何でこんなことがわかったんだろうと思うようなことがよくあるはずです。

たとえば、初めて行ったスーパーで、どこに何が陳列されているのか知らないはずなのに、探しているものがどこにあるのかわかってしまったり、パソコンの調子が悪いとき、どこを操作すれば直るのかなんとなくわかってしまったり……。

仕事を辞めて、ヒーラーを始めたとしたら、なぜか知らないけれども、とある先輩ヒーラーの顔が浮かび、その人に会いに行ったら、その人が主催しているイベントでヒーラーデビューのチャンスをもらえたり……。

さらに、そこに来たお客さんがどんどん知り合いを紹介してくれて、仕事が広がっていったり……。

誰かに教えてもらったわけでもないのに、どうすればいいのかを自然にわかってしまうのは、宇宙の叡智を普通に受け取っている証拠なのです。

これまではそれを自然にやっていたかもしれませんが、これからは、受け取ろうと意図して受け取ることもできるでしょう。

**どういう情報を受け取りたいのかも、自分で指定して宇宙に投げかけ、必要な情報を受け取ることも、そんなに難しいことではなくなる**でしょう。

## 繊細さんは宇宙の力をフルに活用できる人

ここまで読んでみて、だんだんわかってきたと思いますが、要するに**繊細さんは、周波数も、宇宙の法則も、宇宙の叡智も、人から教えてもらうまでもなく自然に察知し、自然に活用してきた人**なのです。

**これまでは無意識に、かつ受動的にやってきたことを、意識的かつ能動的にやっていけばいい**のです。

のべつまくなしに、あらゆる周波数を受け取るのではなく、これからは受け取る必要のあるものと、受け取る必要のないものを取捨選択すること。

受け取っていた情報も、これまでは、宇宙からだけではなく、もっと低い次元にいる存在からも受け取っていた可能性もあります。

でも、これからは、周波数を自分でコントロールすることで、宇宙からの情報を意図的に受け取るようにすればいいのです。

# 第3章

# 繊細さんが宇宙の力をフル活用するための能力の高め方

## 繊細さんが宇宙とツーカーになるために大事な4つのこと

繊細さんは確かに、もともと宇宙とつながるルートが開いていて、意図せずとも宇宙のメッセージを受け取っているところがありました。

周波数に関しても、わざわざ言われるまでもなく、当たり前のように感じ取っていました。それは素晴らしい才能です。けれども、のべつまくなしに、無防備に様々な周波数をキャッチしては、疲れ果ててしまいます。

せっかく開かれている宇宙とつながる力をフル活用するためには、

**① 受け取る必要のないものから身を守る**

**② 受け取っていいものを意図的に受け取れるようになる**

**③ 宇宙とつながるルートをさらに開く**

**④ 宇宙とつながることに慣れる**

この4つのことが大事になります。

この章では、この4つの方法を、詳しくご説明していこうと思います。

もしも、**この4つができたなら、繊細さんは、不快な周波数や刺激に振り回されず、逆に、受け取りたい周波数や、宇宙からのメッセージや叡智、幸運、豊かさを意図的に受け取ることができるようになります**。

もともと宇宙とつながるルートが他の人よりも開いている繊細さんです。この4つの方法も、すぐに使いこなせるようになるはずです。完璧にできなくても、やりながら慣れていけば大丈夫です。どうぞ気楽にやってみてくださいね。

受け取る
必要のない
ものから
身を守る
1

## 「私は高い周波数とのみ、同調する」と決意する

宇宙の基本法則⑥「意識が現実を作り出す」を覚えていますか？

あなたが強く意図したことは、現実化するようにできているのです。

今までは、自分のことを刺激に弱く、振り回されやすい弱い人間だと思っていたかもしれません。確かに繊細なので、他の人よりも敏感に感じ取れるというのは事実です。

でもどこかで、自分はそれをコントロールすることができないと思っていませんでしたか？　自分はどうしても振り回されて疲れるんだと思っているなら、それが現実化してしまっていた側面もあるのです。

今までは、まさか自分が周波数を選ぶことができるなんて、思いもしなかったでしょう。

ところが、**あなたは周波数を選べる存在なのです**。

まずそういう認識をしっかり持ってください。

そして、刺激に弱い、振り回されやすい人間だという自己認識をやめ、**感受性豊かで、自分が同調したい周波数を自由に選べる人間だという自己認識に変えてください。**

強く決意したことは、現実化していくのが宇宙の法則なのです。

ですから、自分の身を守る手法を活用する以前に、まずその自己認識を持つことが大事です。その認識なしに、いくら低い周波数から身を守る方法を学んでも、それほど功を奏さなくなってしまいます。

そのくらいどういう自己認識を持つかが、とても重要なのです。

これから毎朝起きたら、胸の中央に両手を重ねて、**「私は感受性豊かで、自分が同調したい周波数を自由に選べる人間だ」と魂を込めて唱えてください。** 寝起きは潜在意識ともつながりやすいので、その言霊が深く浸透しやすいです。新しい自己認識がしっかりフィックスされるまで、繰り返し唱えてください。

やってみよう!

# 自己認識を変える

1 胸の中央に両手を重ねる。

2 「私は感受性豊かで、自分が同調したい周波数を自由に選べる人間だ」と魂を込めて唱える。

POINT 寝起きは潜在意識ともつながりやすいので、毎朝起きたら、やってみよう。

受け取る必要のないものから身を守る 2

## 周波数を意図的に上げることで、ネガティブな影響を受けなくする

すべてのものは特有の周波数を発していて、**似たような周波数を発しているものは引き付け合いますが、違う周波数は弾き合ってしまう**ので、引き付けることができなくなります。

たとえば、人の悪口ばかり言っている人は、いつもすべてのものに感謝して、楽しそうに生きている人といると、人の悪口を言っても乗ってこないので、つまらなくなって離れていきます。

同じように、いつもすべてのものに感謝して、楽しそうに生きている人は、悪口ばかり言っている人とは全く話が合わないし、一緒にいても気分が滅入るので、距離を置きたくなります。

類は友を呼ぶという言葉がありますが、極論すれば、似たような周波数同士が引き付け合うということなのです。

ということは、高い周波数は低い周波数を引き付けないということです。

**繊細さんが気分が悪くなるのは、この低い周波数を吸収してしまっているから**なのです。そんな**低い周波数から身を守るには、自分の周波数を上げるのが一番**です。

高い周波数の中でも、最高の周波数が宇宙の周波数です。そして、宇宙の周波数に同調するなら、宇宙の無限の恩恵が流れ込みやすくなるということは、ここまで で何度もお伝えしましたよね。

宇宙の周波数は、愛や光、歓び、楽しさ、癒やし、安心、豊かさなど、すべての佳きことを包含した周波数です。

ですから、**高い周波数に合わせるには、あなた自身がこの世界にある愛に目を向け、愛を感じること**なんです。

私たちがこうして生きているのは、太陽が光を降り注ぎ、樹木が酸素を供給し、大地が植物や作物を育み、雨が水を供給してくれるからですよね。

太陽は日射し1時間につき1000円みたいな料金を要求しません。無償で太陽光を降り注いでくれます。しかも相手を選んで降り注いでいるわけではありません。

誰に対しても平等に光を与えてくれているのです。

これって、なんというありがたい恩恵なのでしょうか。それは太陽の愛でもあるのです。この愛はとてつもなく深い愛です。

太陽だけでなく、空気だって、水だって、大地だって、同じように私たちに無償の愛を降り注いでくれています。

これらの自然が与えてくれている無償の愛は、あまりに身近で、そのありがたみを普段は忘れがちです。けれども、もともと感受性豊かな繊細さんなら、意識を向けるだけで、その愛に純粋に感動できるはずです。

まずは、**身近にあふれ返っている、自然が与えてくれている愛に日常的に意識を向けて感謝してみてください**。

それだけで、繊細さんの周波数は一気に上がります。

自然界だけではありません。身の回りには、たくさんの愛があふれています。

お店の店員さんの感じのいい「いらっしゃいませ」の一言、

同僚のさりげないサポート、

友だちとの他愛《たわい》のない会話の楽しさ、
ほっこりとおいしいランチ、
疲れをほぐしてくれる温かいお風呂、
一日の疲れを受け止め、安堵感を与えてくれるベッド、
……。

日常生活の中に、たくさんの愛や癒やし、安心感があります。

そちらに意図的に意識を向けさえすれば、その愛に素直に感謝し、感動することは、繊細さんにとっては得意なことのはずです。

そうすれば、周波数を高めに安定化できます。

**自分の発している周波数を高めに安定化すれば、低い周波数をはねのけ、ネガティブな影響を受けにくくなる**のです。繊細さんは周波数同調能力がもともと高いです。ですから意識するだけで、すぐに高い周波数にも同調できるようになると思います。

やってみよう！

# 周波数を高めに安定させる

1 周りを見回し「ありがたい」と思うものやこと、人を探す。

2 ものやことには心の中で、人には口に出して「ありがとう」と感謝の気持ちを伝える。

**POINT** 普段から感謝することを習慣にしましょう。そうすれば、周波数も高めに安定化できます。

受け取る必要のないものから身を守る 3

## ゴールドの光でシールドする

ここまでにご紹介した2つのことをしっかりやった上で、さらに目に見えない光でシールドすればもう完璧です。

スピリチュアルなヒーリングの世界では、自分のエネルギーフィールドを守るために、光によるシールドをすることが多いのですが、それは**ここまでにお伝えした2つのことをしっかりやった上でないと、実はそれほど機能しない**のです。

いくら光でシールドしても、自分自身が低い周波数を発していたら、似たような周波数は引き付け合うわけですから、低い周波数に同調し、また気分が悪くなってしまいます。

自分のことを、振り回されやすい弱い人間だと思っていたら、思ったことが実現するわけですから、やっぱり振り回されてしまいます。

ですから光のシールドをする前に、前述の2つのことをしっかりやることが、とても大事なことなのです。

その上で、あなたのエネルギーフィールドであるオーラをゴールドの光でシールドしましょう。

**健康的なオーラは、基本的に体から60㎝くらい広がる厚みのある卵型をしています。**光でシールドする前に、自分のオーラの大きさを調整してください。

繊細さんなら、自分のオーラが縮んでいるか、広がっているか感覚的にわかると思いますが、もしもよくわからなければ、両手でだいたいそのくらいの大きさに広げたり縮めたりしてください。

**オーラは、なんとなくその外側の領域よりも手で触るとほんのり温かいです。その感触でオーラの状態を感じ取ってください。**

オーラの大きさを整えたら、目を閉じて深呼吸します。深呼吸をしながら、心を鎮《しず》めていきます。

**落ち着いてきたら、頭頂からゴールドの光がオーラに満ちてくるのをイメージしてください。**

オーラに満たされたゴールドの光が、あなたを神聖な気分にさせ、かつ安心させます。

また、**ゴールドはとても周波数の高い色なので、低い周波数帯にあるネガティブなエネルギーをもはね返します**。

このゴールドのシールドは、あなたのオーラだけでなく、家や、車などの乗り物なども守ることができます。ですから、あなたが低い周波数帯から守りたいものがあったら活用してください。

たとえば車を守りたければ「車の周りをゴールドの光でシールドします」と強く意図すれば、それだけでシールドされます。

私たちは一日生活する中、様々なことを感じるので、どうしても自分自身の周波数がブレる可能性があります。ですから、**一日に1回はシールドを張り直した方がいい**と思います。

張り直す際には、吸い取った邪気を、息とともに強く吐き出しましょう。その上で張り直した方がより効果的です。

やってみよう!

# ゴールドのシールドを張る

1 両手を広げて、自分のオーラの大きさを整える。
※人間は一般的に体から60㎝くらい離れたところまでオーラで覆われている

2 目を閉じて、深呼吸をしながら、心を鎮める。

3 落ち着いてきたら、頭頂からゴールドの光がオーラに満ちてくるのをイメージする。

POINT シールドを張り直すときは、息を強く吐いて吸い取った邪気を吐き出した方が効果的。

受け取っていいものを意図的に受け取れるようになる

ここまでこの本を読んできて、繊細さんは素晴らしい才能にあふれた人であることがわかってきたと思います。

これまでは、刺激に弱くて、すぐに疲れてしまう自分のことを、どこかでダメな人間だと思ってきたかもしれません。でも、決してよくない体質だったわけではないのです。

生まれ持った才能を持て余していたようなものです。

宇宙の基本法則③で、宇宙はあなたのすべてを愛しているということをお伝えしましたよね。

宇宙からすれば、あなたはどこもおかしくないし、何も足りなくありません。

それどころか、宇宙は、あなたのような人を創りたくて創ったのです。

そして、**ありのままのあなたは、宇宙の最高傑作**なのです。

ですから、あなた自身も、自分のすべてを愛していいのです。

もしも**あなたが、自分のすべてを受け入れ、愛するなら、まさに宇宙の高い周波数と同調する**ことになります。

ですから、**どんな自分のことも褒めて褒めて褒めまくってみてください**。

それを私は「自分褒め褒め大作戦」と呼んでいます。

真面目できちんとしていることが好きな繊細さんは、自分に厳しいところがあります。完璧にできないとダメな気がしてしまうのです。

そういう完成度を高くしようとすることも、素晴らしい資質の1つです。

でも自分の理想通りにできなくても、一生懸命やっているだけで褒めていいのです。

毎日、生まれ持った繊細さのために、ともすると人よりも疲れやすいことが多いのに、本当によくやってきたと思いませんか？

何をしていたとしても、何をやらなかったとしても、そんな自分に、

**「私は誰よりもあなたのことをわかっているよ」**

**「いつだってあなたの味方だよ」**

**「どんなあなたのことも愛してるよ」**


と声をかけてあげてください。

そして、必死で生きている自分を、めちゃくちゃ褒めまくってください。

これを習慣にするのです。それによって周波数も上がるので、低い周波数を引き付けなくなります。

でも、それだけではありません。**周波数が上がるからこそ、あなたが引き寄せる周波数も高い周波数を発するものになってきて、愛や豊かさ、幸せなことが現実化しやすくなってきます。**

今、この本を読んでいることも、褒めてみてください。

自分の幸せのために、この本を買って、こうして一生懸命読んでいる。

そんな自分を、とても愛おしいと思いませんか？

やってみよう!

# 自分褒め褒め大作戦

1 「私は誰よりもあなたのことをわかっているよ」「いつだってあなたの味方だよ」「どんなあなたのことも愛してるよ」と自分に声をかける。

2 必死に生きている自分を褒める。

3 自分を褒めている自分を褒める。

POINT 頑張ってる自分を、とにかく褒める。落ち込んだり、自分を否定しようとしているときは、特に褒めまくってください。

受け取っていいものを意図的に受け取れるようになる

## 2

## 「ある」に意識を向ける

宇宙の基本法則④で、「必要なものはすべてある」ということをお伝えしましたが、覚えていらっしゃいますか？

宇宙には必要なものがすべてあるだけではありません。今この瞬間もますます豊かになっていっています。つまり宇宙は無限の宝庫なのです。

けれども、三次元で人間をやっていると、あたかも足りないものがあるように見えます。でも足りないように見えるものは、まだ形になっていないだけで、エネルギーとしては宇宙銀行の口座の中にちゃんとあります。

ですから、あなたも**自分の意識を「ない」「足りない」ではなく、できる限り「ある」に向ける**ことです。

よくコップに半分入っている水を見て、「半分しかない」と思うのではなく、「まだ半分もある」と思うことで、豊かさを受け取りやすくなると言いますが、まさにその通りなのです。

**「ある」に意識を向けるなら、満たされることがますます現実化していきます。でも、「ない」「足りない」に意識を向けるなら、欠乏が現実化してしまう**のです。

たとえば、あなたが失業したとします。

仕事はなくなってしまったかもしれませんが、朝起きて会社に行く必要がなくなったわけですから、時間ならたくさんあるはずです。

でも、「仕事がない」ことにばかり意識を向け、頭がいっぱいのままなら、ツキは逃げていってしまうのです。

一方で、こんなに時間があるなら、今までゆっくりできなかった散歩を心ゆくまですることもできます。公園に行って、自然からパワーチャージしてもらえば、この先どんなことをすれば楽しくて豊かな人生を送れるか、そのアイデアを宇宙から受け取ることもできるでしょう。

散歩の帰りに図書館に寄ったら、無料で役に立つ本を借りられて、その本の中に、先ほど受け取ったアイデアを具現化する方法が書いてあったりするのです。

こんなふうに、**どういう状況になろうと、いつも「ある」に意識を向けるようにすること。そうすれば、あなたの人生には、ツイてることや、うまくいくこと、楽しいことが増えていきます。**

そして、あなたの周りには、親切な人や愛にあふれた人が増えていき、たくさんの人に応援してもらったり、助けてもらったりするようになるでしょう。

せっかく受け取るなら、幸せを感じることや楽しいこと、うれしいことを受け取った方がいいですよね。

だとしたら、これからはどんな状況になろうとも、その中の足りないものではなく「ある」ものに意識を向けていくこと。

それだけで、幸せな人生がますます加速していくでしょう。

やってみよう!

# 「ある」に意識を向ける

1 今、自分に「ない」ものを表に書き出してみる。

2 例に倣《なら》って、「ない」ものを「ある」ものに書き換えてみる。

3 「ある」ものを復唱し、意識する。

| ないもの | あるもの |
|---|---|
| パートナーがいない | 一人で自由気ままに過ごせる |
| 仕事がない | 自由な時間がたくさんある |
| お金がない | 活力やアイデアならある |
| | |
| | |
| | |

POINT 「ある」に意識を向け、満ち足りた気持ちになることが大切です。

受け取っていいものを意図的に受け取れるようになる

3

## 人に助けてもらうことを自分に許可する

真正のＨＳＰの人ほど、相手の気持ちを考えてしまいます。そして、相手にできるだけ迷惑をかけないように気遣いをします。

だから、自分が疲れていても、相手に心配をかけまいと笑顔でいたり、音が大きすぎて頭がクラクラしていても、我慢してしまったりします。

繊細さん同士なら、言わなくても相手の気持ちがわかるのですが、世の中にはそうではない人の方が多いので、元気なふりや平気なふりをしていると、それが本当の気持ちなんだと誤解されてしまうこともあります。

そうなると、ますます無理をして、周波数も落ちてしまい、ますますネガティブな刺激に見舞われることになってしまいます。

ですから、**無理をしないで、疲れているときは休ませてほしいと伝えたり、刺激が強すぎる場合は、弱めてほしいとお願いしていい**のです。

人は誰かを助けることに歓びを感じます。本来、助けてくれた人は決して迷惑だとは思わないものです。

けれども、自分が人にサポートしてもらうことを、相手の迷惑になると思い込んでいると、それが現実化し、助けてくれる人にイヤな顔をされてしまったりします。ですから、あなた自身がまず「私は人に助けてもらっていい」と決めることが重要です。あるいは、「人は私を歓んで助けてくれる」と決めてもいいと思います。

いずれにせよ、**人に助けてもらうことを自分に許可すれば、あなたが「こうしてほしい」と人に頼んだら、みんな歓んで助けてくれる**でしょう。

ポイントは、限界まで我慢しないこと。ちょっとイヤだなあと感じたらすぐに、素直に、シンプルにどうしてほしいのかを伝えることです。

「私は音が大きいのが苦手なの。もうちょっと音量を下げてくれるとありがたいんだけど」……こんなふうに、気遣いのあるやさしいお願いの仕方をするのは、繊細さんなら得意なはず。

勇気を持ってやってみてください。

やってみよう！

## 人に助けてもらうことを許可する

1 「私は人に助けてもらっていい」「人は私を歓んで助けてくれる」と決める。

2 「こうしてほしい」と思うことを素直にシンプルに人に頼む。

POINT 繊細さんなら得意とすることでしょうが、気遣いのあるやさしい言い方で頼みましょう。

宇宙とつながるルートをさらに開く

## 1 自然の中でゆったり過ごす

繊細さんは、他の人が感じ取れないような目に見えないものを感じ取る力に優れています。

ここまでにご紹介した方法を使えば、受け取る必要のないものから身を守り、さらに受け取っていいものを意図的に受け取れるようになるでしょう。

ここからは、繊細さんが宇宙とのつながりを、さらによくするためにやるといいことをご紹介していこうと思います。

私たちはそもそも宇宙とひとつです。つながろうとしなくても、つながっているんです。けれども**頭が思考でいっぱいだと、その思考が邪魔をして、宇宙が伝えようとしていることをスムーズに受け取れなくなってしまいます**。

ですから、頭のおしゃべりをやめて、頭をカラッポにすることに慣れるとさらにいいでしょう。

それにはいろいろなやり方がありますが、まずは繊細さんの好きな自然の中でゆったり過ごすことをおススメします。

**自然の美しさを人一倍繊細に感じ取れる繊細さんは、自然の中に行くだけで、とても気持ちが解放される**と思います。

まずは、自宅から近い場所に、自分の好みの自然がある場所を見つけてください。近所の公園でもいいですし、街路樹の美しい道でもいいです。清々しい氣にあふれた神社もいいですね。

そんな自分のお気に入りの場所に、お休みの日などに出かけていって、そこでゆったり散歩したり、好きな飲み物を持っていって、ベンチに腰掛けて空を見ながら飲んだりしてみてください。

そのままひたすら自然の豊かさ、美しさを堪能し、ゆっくり深呼吸してみるのです。

すると、とても心が解き放たれます。

頭の中にあった余計な雑念も自然に消えるでしょう。

頭の中の雑念が消えると、とても気持ちがよくなります。

頭がカラッポになるだけで、もともとの宇宙とひとつの状態に戻ります。

すると、宇宙があなたに向かって投げかけているメッセージに突然気づくこともあるでしょう。あるいは、あなたに向かって宇宙が降り注いでいる癒やしのエネルギーに気づくかもしれません。

**頭がスッキリとした状態、この感覚をよく覚えておいてください。**

この状態こそが、宇宙とのつながりを取り戻した状態なのです。定期的にこの状態を意図的に作り出し、雑念から解放されるようにしましょう。

それによって宇宙とつながるルートがますますクリアになります。

宇宙とつながるルートをさらに開く

## 2 一日に1回はぼんやりタイムを楽しむ

**繊細さんは、刺激に対して敏感なので、一人になって休む時間が必要**です。

この一人になって休むときには、「ちゃんとしなきゃ」は脇に置いて、ひたすら、リラックスしましょう。

ソファに横になってもいいし、日向ぼっこしてもいいし、ちょっとドライブして、空気のきれいな場所で車のシートを倒して横になってもいいでしょう。

あるいはバスタイムを優雅に過ごすのもいいですね。お気に入りのアロマオイルを入れて、香りを楽しみながらバスタブでくつろぐのも素敵です。

森の中にある隠れ家カフェの静かなテラス席に座り、体にやさしいスイーツを楽しんでもいいでしょう。

この時間は、考え事などせずに、ぼんやりしていいのです。

**力を抜いて、ぼんやりするだけで、日中何かの拍子に吸い込んでしまった邪気や**

**エネルギーを放出できる準備が整います。**

この放出は、息を吐くだけでできますから、ゆっくりたっぷり息を吸ったら、全身全霊で余計なエネルギーを放出すると意図して、息を強く吐き出してください。

この呼吸を5回ほどするだけで、かなり浄化され、リセットできるはずです。

スッキリした後は、何も考えず、ただただぼんやり過ごすだけでいいのです。**思考から解き放たれて、少しボ~ッとしているくらいの状態のときほど、宇宙とのつながりがよくなります。**もともと宇宙とひとつだった状態に戻るとも言えます。

そして、宇宙に対して自分のすべてを開き、宇宙が与えてくれる最高最善のものをそのまま受け取ってください。

やってみよう!

# ぼんやりタイムで体を休める

1 一人でくつろげる場所で、肩の力を抜きリラックスする。

2 ゆっくり息を吸い、余計なエネルギーを放出すると意図して、息を強く吐き出す。これを5回ほど繰り返す。

3 何も考えずにボ～ッとする。

POINT 宇宙と同調しやすいため、思わぬひらめきが舞い降りてくることも!

宇宙とつながるルートをさらに開く
3
## 大丈夫ポイントにつながる

自然の中に行ったり、ひたすらボ〜ッとリラックスするには、外に出る必要がありますよね。

でも、これからご紹介することは、日常のふとした瞬間にできることです。

それは5秒ほど思考を止めるだけです。5秒というのは目安ですので、キッチリ時間を計ってやる必要はありません。ゆっくり1回深呼吸するくらいの時間です。

やり方はとてもカンタンです。

**目を閉じて、自分の胸の中央の奥にあるハートに意識を向けます。そして頭のおしゃべりをやめて、ゆっくり深呼吸**してください。

すると、ハートがほんのり温かくなってくるはずです。その瞬間、なんだか知らないけれど、**心が落ち着き、ホッとする**はずです。

そのホッと安心するポイントを、私は「大丈夫ポイント」と呼んでいます。

**日常の中で、心がざわついたり、不安になったりしたときは、この大丈夫ポイントにつながってみてください。**

すると、刺激から遮断され、宇宙とのつながりを一瞬にして取り戻すことができます。そして、どうすればいいのかひらめいたりします。

繊細さんは、様々な刺激に敏感ですから、どうしても心が動揺してしまうこともあると思います。

どこにいても、何をやっているときでも、大丈夫ポイントにはすぐにつながることができます。ものすごく便利ですから、ぜひ自分なりに大丈夫ポイントにつながる練習をしてください。何かあったらすぐに大丈夫ポイントにつながることができるようになると、余計な思考で頭がいっぱいになりにくくなり、宇宙とつながるルートが常時開いている状態になってくると思います。

やってみよう！

# 大丈夫ポイントで宇宙につながる

1. 目を閉じて、自分の胸の中央の奥にあるハートに意識を向ける。

2. 思考を止めて、ゆっくり深呼吸する。

3. 心が落ち着き、ホッとしたとき（大丈夫ポイント）、宇宙につながる。

POINT　心がざわついたり、不安になったりしたときは、この大丈夫ポイントにつながってみてください。

宇宙とつながるルートをさらに開く 4

## 集中作業瞑想

**宇宙とのつながりを取り戻すためには、頭をカラッポにすることが大事**です。余計な思考さえなければ、もともと宇宙とひとつなわけですから、宇宙とのつながりなんてすぐに取り戻せます。

ここまでに紹介した3つの方法以外に、日常的にできることがあります。

それは**今やっていることに集中するという「集中作業瞑想」**です。

お寺の修行僧が、朝からお寺の境内の掃き掃除をしたりしますが、掃除に集中することが瞑想にもなっているのです。

無心に境内を掃き清めることで、境内がきれいになるだけでなく、心のチリも祓《はら》われると言われています。

私も以前、朝からとある施設にある大きな庭の掃き掃除をしたことがあるのですが、終わった後、本当に邪念が消えて、とても気持ちよかったのを覚えています。

なにも庭掃除に限ったことではありません。

たとえばお茶碗を洗うときに、その作業に集中するだけで、やっぱり無心になり、宇宙とのつながりを取り戻せます。

洗濯物を干すときも、食事を作るときも、家事は集中してやるなら、絶好の宇宙とつながる瞑想になります。

それに、集中してやると、効率がアップし、パフォーマンスもよくなります。

ですから、**家事に限らず、今目の前にある仕事だって、無心に集中してやる**に限ります。

もしもそれができるようになったなら、何をしていても、基本的に宇宙とのつながりがよい状態になります。邪気に振り回されづらくもなります。

**何をしていても宇宙とのつながりがいいなら、瞬時にどうすればいいのかわかるし、宇宙から幸運や豊かさもどんどん流れ込むようになります。**

宇宙とのつながりを取り戻すために、なにも特別な修行などいらないのです。

目の前のことに集中するだけでよかったのです。

宇宙とつながるルートをさらに開く

## 5 大好きワード瞑想

集中作業瞑想以外に、手軽にできて、とても効果的な瞑想がもう1つあります。
それが「大好きワード瞑想」です。
宇宙とのつながりをよくするには、何度も言いますが、余計な思考や邪念がない状態になればいいのです。
ですから今度は逆に、**頭の中を余計な思考で埋め尽くすのではなく、自分の大好きな言葉で埋め尽くす**のです。
幸せ、幸せ、幸せ、幸せ、幸せ……、
愛、愛、愛、愛、愛……、
平和、平和、平和、平和、平和……、
安心、安心、安心、安心、安心……、
なんでもいいです。

その言葉を繰り返し唱えるだけで、心地よくなったり、心のざわつきが消えたり、落ち着きを取り戻せる好きな言葉をただただ繰り返してください。

繰り返しているうちに、何も浮かばなくなってくることもあります。そのときは、そのまま無心になっていればいいです。

**この大好きワード瞑想は、夜寝る前にやると効果的**だと思います。

自分が寝入るまで、仰向けになったまま、目を閉じてひたすら大好きワードを繰り返す……。それだけで日中の心の疲れが抜け、周波数も上がり、寝ている間の癒やしも進みます。

もちろん、寝る前ではなく、朝起きたときに、一日のいいスタートを切るためにやってもいいし、日中に心が動揺したときにやってもいいと思います。

どんなワードを繰り返すかも、そのときの気分で変えていいです。

繊細さんなら、どんなワードを繰り返せばいいのか、そのときの状態に応じて、すぐにピンとくると思いますよ。

やってみよう!

# 大好きワード瞑想

1 仰向けになり、目を閉じる。

2 自分の大好きな言葉を連呼する。

**POINT** 夜寝る前が効果的ですが、朝起きたとき、日中に心が動揺したときにやってもOK。どんな言葉を繰り返すかも、そのときの気分で変えて大丈夫です。

宇宙とつながることに慣れる 1

## 周波数高め安定㊙リストを作っておく

周波数の高い状態がどういう状態なのか、繊細さんは敏感に感じ取れます。

ここまで何度か触れてきたように、周波数の高い状態を作っておけば、低い周波数を寄せ付けなくなって、自分の身を守れるようになります。

それだけでなく、宇宙の周波数と同調するようになれば、宇宙銀行から様々な幸運や豊かさが流れ込みやすくなります。

安心できたり、幸せな気分になれたり、愛にあふれた気分になっている状態が、高い周波数を発している状態です。

**繊細さんは、その感度のよさを活かして、自分は何をやっているときに周波数が高くなるかをメモしておくといい**と思います。

・何をしているとき熱中できるか
・何をしているとき癒やされるか
・どんな音楽を聴くと気分がよくなるか
・どういう場所にいると気分がよくなるか
・何を食べたり、飲んだりしているとき、幸せな気分になるか
・誰といると、ホッとしたり、元気になったりするか
・どんな服装をするとテンションが上がるか

**自分専用の周波数が上がる㊙リストを作っておく**んです。

そして、その中の1つでもいいので、日常的に自分のためにやってあげるようにするのです。

そうすれば、**周波数が高い状態を自分でいつでも作り出せる**ようになります。あるいは、動揺して、周波数が下がってしまったときも、リストを見れば、今何をすれば周波数が上がるのか、すぐに思い出して実行できます。

せっかくリストを作るなら、そのリストを書く紙も、素敵な紙を用意しましょう。そんな素敵な紙に、一番好きな色のカラーペンできれいに書き込み、デコレーションしてもいいと思います。

リストも、見るだけでテンションが上がる色やデザインにした方がいいです。リストができたら、それを携帯で写メして画像保存し、いつでも見られるようにするとさらにいいと思います。

そんなこと、わざわざリスト化しなくても、思い出せると思うかもしれませんが、動揺しているときほど、周波数を上げるということ自体を忘れていることも多いですし、どうすれば周波数を上げられるかも思い出せなくなるものです。

周波数高め安定㊙リストは、そんな自分の命綱になりますから、ぜひ作成して、活用してください。

やってみよう!

# 周波数高め安定㊙リストを作る

## 1 何をやっているときに周波数が高くなるかをメモしておく。

何をしているとき熱中できるか
(　　　　　　　　　　　　　　　　　　　　　　)

何をしているとき癒やされるか
(　　　　　　　　　　　　　　　　　　　　　　)

どんな音楽を聴くと気分がよくなるか
(　　　　　　　　　　　　　　　　　　　　　　)

どういう場所にいると気分がよくなるか
(　　　　　　　　　　　　　　　　　　　　　　)

何を食べたり、飲んだりしているとき、
幸せな気分になるか
(　　　　　　　　　　　　　　　　　　　　　　)

誰といると、ホッとしたり、元気になったりするか
(　　　　　　　　　　　　　　　　　　　　　　)

どんな服装をするとテンションが上がるか
(　　　　　　　　　　　　　　　　　　　　　　)

**POINT** この中の1つでもいいので、日常的に
自分のためにやってあげるようにしましょう。

宇宙とつながることに慣れる 2

## カンナビゲーションに従ってみる

頭をカラッポにする感覚に慣れてきたら、自分のカンに従う練習をしてみましょう。

私はよくドライブや旅をするときにやるのですが、自分のカンに従って行動します。なんとなくこっちに行ったら、よさそうなところに出合うのではないかと感じる方向にどんどん進んでみるのです。

カーナビゲーションもとても便利なものですが、目的地を自分でインプットしないと使えません。

その意味では、自分の知っている範囲にしか行けないんですよ。

でも**自分のカンに従う「カンナビゲーション」に従うと、思いもよらない素敵な場所に導かれる**ことがあります。

散歩するときも、わざと知らない道に入って、なんとなくこっちって思う方向に進んでみるのです。

すると、こんな場所から富士山が見渡せたんだっていう絶景スポットに導かれることもあれば、住宅街の中の素敵な隠れ家カフェに出合うこともあります。

カンナビゲーションは、宇宙とつながって、宇宙に導かれる実践練習でもあるのです。

ちょっと勇気がいるかもしれませんが、余計なことを考えずに、ひたすらカンという宇宙の導きに従うと、素敵なサプライズが用意されていることを、実体験するでしょう。

それによって、宇宙への信頼度も高まり、ますます宇宙とのつながりもよくなっていきますよ。

宇宙とつながることに慣れる

## 3 宇宙からメッセージを受け取ってみる

頭がカラッポで、周波数の高い状態であるなら、宇宙とのつながりは取り戻されているはずです。

そして、あなたさえその気になれば、宇宙からのメッセージだって受け取ることができるでしょう。まして、もともと感度のよい繊細さんなら、それほど難しいことではないと思います。

**慣れれば、日常的にメッセージを受け取れるようになると思いますが、最初は夜寝る前に、宇宙に質問を投げかけるところから始めるといい**と思います。

眠っている間は、外の刺激から離れていて、宇宙とツーカー状態になっているので、あなたが投げかけた質問がダイレクトに宇宙に届きやすいのです。

眠っている間に、宇宙はあなたへの答えを用意してくれます。

そして、**その答えは寝起きに受け取ることが多い**です。なぜなら寝起きの状態も頭がカラッポになっている状態であり、潜在意識にインプットした宇宙の答えに気づきやすい状態でもあるからです。

なので、まずは寝る前に、宇宙に聞きたいことを投げかけてみてください。

必ずしも寝起きにメッセージを受け取れなくても、その日の生活の中で、たまたま開いた本の中とか、カフェで流れていた歌の歌詞や、誰かの言葉などが答えになっていることも多いです。

慣れてきたら、昼間でも、周波数を上げて頭をカラッポにすると、エネルギーの塊のような宇宙からのメッセージが流れ込んでくるようになります。

言葉にしなくても、繊細さんなら、宇宙が何を伝えようとしているのか、一瞬にして把握できるようになるでしょう。

もしも、**宇宙からなんらかのメッセージを受け取ったら、メモしておく**ことをおススメします。いつどこでメッセージを受け取るかわかりませんから、手のひらサイズのメモ帳を用意し、忘れないように書いておきましょう。

ずっとメモし続けていくと、ある瞬間に気づきます。

**宇宙があなたに対して一貫して伝えようとしていることがある**のです。**それに気づき、その一貫して伝えようとしていることを生活に活かしていくと、あなたは大きく飛躍する**ことができます。

そこまで行くと、今度は、こちらから聞きたいことを投げかけるまでもなく、必要なタイミングで、必要な情報が自動的に流れてくるようになります。

もともとチャネリングの得意な繊細さんです。

自分の人生に活かすための情報だけでなく、たくさんの人の人生に活かせるような情報を受け取れるようになることも珍しくないでしょう。

そうなったら、ぜひその情報を、ＳＮＳなどを使って発信してください。

そういう役目のある人も、繊細さんには多いです。

実は、**受け取った情報をアウトプットすることで、さらに大きな情報がインプットされるようになる**のです。そのレベルまで行ったら、どんどんアウトプットしてみてください。

やってみよう!

# 宇宙からメッセージを受け取ってみる

1 宇宙に聞きたいことを
投げかけてみる。

(　　　　　　　　　　)

2 宇宙から受け取った
メッセージをメモする。

(　　　　　　　　　　)

3 宇宙から受け取ったメッセージを見て、
宇宙があなたに対して一貫して
伝えようとしていることが何なのかを
考えて、生活に活かしてみましょう。

POINT　慣れれば、日常的にメッセージを受け取れるようになりますが、最初は夜寝る前に、宇宙に質問を投げかけるところから始めてみましょう。

第4章

# 繊細さんの恋愛への
# エスパー能力活用法

## 繊細さんは好きな人に愛され大切にされる

第4章から6章までは、繊細さんのエスパー能力を、分野別にどのように活用していけば、宇宙からの恩恵をフルに受け取ることができるのかをお話ししていきます。

第1章で、10の強みがあるというお話をしたと思います。

その10の能力を、各分野でどのように活かすことができるのかを、それぞれお伝えしていきますので、ぜひその優れた能力を活かしてくださいね。

最初にはっきり言っておきましょう。

繊細さんは、大好きな人から愛され、大切にされるだけのポテンシャルの高い人です。

けれども、その繊細さが裏目に出ると、相手の気分に翻弄されやすくなってしまいます。たとえば、急に相手の口数が少なくなってしまうと、「もしかして、昨日のラインへの返しが遅かったから、怒ってるのかな」などと、相手の機嫌の悪さを全部自分のせいだと思い悩んでしまったりします。

でも実は、あなたと打ち解けてきたからこそ、気を遣わなくなり、素の自分を出せるようになっただけ、なんてこともあります。

繊細さんはやさしさと気遣いのある人だからこそ、お相手に「絶対この人を手放してはいけない」と思わせるような人なんですよ。

さっそく繊細さんの強みを恋愛にどうやって活かしてけばいいのか見ていきましょう。

## 1 直感的に理解できる↓相手の本質を見極められる

第1章で、**繊細さんは理屈や論理で理解するより、右脳的に全体を把握する力に優れている**というお話をしましたよね。

だから、人のことも、その人の学歴や経歴、持ち物や職業や外見など、外側にあることで判断しないと思います。

**なんとなく気の合う人か、本質的に誠意のある人なのか、心の温かい人なのか、その人の発している周波数も含めて、直感的に見極められる**と思います。けれども、外面的な条件も気になるでしょうし、それも人を見極める上での重要な判断材料になるかもしれません。

でもね、**自分の直感を信じていい**と思うんですよ。たとえ高学歴で、高収入で、見た目もよかったとしても、一緒にいて幸せかどうかは全く別問題です。

よく、パートナーを手に入れるには、事前に、どういう人ならいいのかその条件を羅列しておくといいと言われたりしますが、私はそれに関しては疑問を感じています。

なぜなら、**人は周波数が合う相手と一緒にいることにこそ、幸せを感じられる**と思うからです。

よく初対面の人なのに、出会った瞬間に、この人と結婚すると直感したと言う人がいますが、その手の直感よりもさらに鋭い直感を繊細さんは持っていると思います。

- **会った瞬間に、なんとなくホッとする**
- **自然に笑顔になれる**
- **警戒心が起こらない**
- **声が心地いい**
- **匂いが気にならない**
- **圧迫感がない**

もしもこんな気がするときは、相性がよさそうだという直感を信じてくださいね。

## 2 先が読める↓付き合ったらどうなるか感じ取れる

**繊細さんが、なぜ先が読めるかというと、その人の意識の向きがどっちに向いているのか、直感的に察知できるから**ですよね。

- **前向きに物事を考えているのか**
- **何か夢を持っていて、それに向かって進もうとしているのか**
- **人を大切にしたいという意識の向きなのか**
- **誠実に生きようとしているのか**

あえて箇条書きにしてみましたが、繊細さんは、こういうことをいちいち書き出してみなくても、全体的に把握できるんです。

だから、**お付き合いしたいと思っている相手がいたら、その人とどんな未来にな**

**るかも想像できる**んです。

一人になったときに、次のページに書いていることをやってみてください。

ちょっと怖いかもしれませんが、**自分の希望は脇に置いて、宇宙から送られてくる映像をただ見る**のです。

そうすれば、その人との未来をきっと見ることができるでしょう。

やって
みよう！

# 付き合ったら
# どうなるか感じ取る

1 頭をカラッポにして、周波数高め安定㊙リストの中の何か1つをやる。

2 深呼吸をして心を鎮め、目を閉じてその人のことを思い浮かべる。

3 その人のタイムラインを感じてみる。
お付き合いしたら、どんなところでデートをする？
その先さらに愛を深めていける？ 結婚したら、どうなる？

POINT 周波数を高めないと、なかなか見えないかもしれません。大事なのは愛の周波数です。

## 3 相手の気持ちを察することができる↓相手にとって手放せない存在になれる

繊細さんは相手にとって、ありがたい存在だと思います。なぜなら、いちいち言葉で言われなくても、どうしてほしいか察してくれる人だからです。

もしかすると、本人すら気づいていないことまで察知して、先回りして気遣いすることもできるかもしれません。

だから、**繊細さんは、相手にとって一緒にいてホッとする、居心地のいい人**だと思います。

ただし、これには注意が必要です。心やさしい繊細さんは、ともすると自分を犠牲にしてでも、相手に尽くそうとしてしまうところがあるからです。自分にとって大切な人であればあるほど、自分が相手の気分をよくしてあげなければいけないと考えてしまいがちだからです。

それで無理をしてしまうと、せっかくいい関係になっても、こっちが疲れる一方になってしまいます。

ですから、第3章でお伝えした「自分褒め褒め大作戦」などを活用して、基本的な自己受容度を上げておきましょう。

そこが低いままだと、どうしても相手の機嫌の悪さを自分が悪いからだと勘違いしてしまいます。

そして、**受け取る必要のあるものと、受け取らなくていいものの境界線をしっかり引いて、相手の問題は相手の問題として、割り切る**ことにも慣れてください。

その上で、繊細さんならではのやさしさを発揮すればいいのです。

できないことまで頑張らなくてもいいし、まず自分自身の機嫌をよくすることの方が大事です。

なぜなら、あなたが幸せで、心が平安であるからこそ、相手も落ち込んだり、悩んだりしていても、正気に戻りやすくなるからです。

もしも、**自己受容度がある程度高くて、基本的な境界線が引ける状態であるなら、あなたは相手にとって、いつも愛で照らしてくれる女神様のような存在になれる**でしょう。

絶対にこういう人は手放してはならない。そして、こんな素晴らしい人を、どうしても幸せにしたいと思わせるでしょう。

いいなあ、繊細さんは（笑）、パートナーから大切にされ、愛される才能も、持っているんですから。

ですから恋愛にも自信を持っていいんですよ。自分は愛されて当然なんだ、くらいに思っていいのです。

# 4 自然や動物、植物などと通じ合える→その魅力を自分に活かせる

**自然の豊かさや動物の愛らしさを、人一番敏感に感じることのできる繊細さんは、それらのものが持つ魅力や力を自分に活かすことができます。**

たとえば季節ごとに咲く花にも、その花特有の魅力があります。

その魅力は、花が放つ周波数に同調すれば、そのまま繊細さんの持つ同じ魅力を引き出すことにつながります。

たとえば梅雨に淡い紫色に咲くアジサイ。

アジサイは他の花よりも、長く咲き続けることができます。

ですから、アジサイの花の周波数と同調させると、アンチエイジングの力を引き出すことにつながります。

春に咲き誇る桜は、みんなが咲くのを待ち望む人気のある花です。

だから桜の花に周波数を合わせると、あなたの中の魅力を引き出し、人気アップ

につなげることができます。

**花だけでなく、樹木や、山や海、鳥やセミなどの虫とも周波数を同調させることで、あなたの中にある様々な力を引き出すことができる**のです。

このことに関しては、私の著書『いつもいいことが起こる自然からの無限パワーチャージ』を参考にしてみてください。

この本では、季節ごとに様々なものを取り上げ、それらのものからどんなパワーをもらえるのかを詳しく書いていますが、繊細さんはそもそも周波数同調能力が高いので、この本に書いてあることも、書いていないことも、自分で察知して引き出すことができると思います。

たとえば、「桜とつながります」と意図するだけで周波数を同調できます。

なんとなく気持ちがいいと感じたら、その自然界にあるものと周波数を同調させてみればいいのです。そうすれば、あなたの中にある様々な能力が自然に引き出され、ますます魅力的になっていきます。

## 5 周波数同調能力が高い↓愛情深い状態をキープできる

第3章で、受け取りたいものを意図的に受け取る方法についてお伝えしました。**繊細さんは、周波数同調能力が高いからこそ、自分が同調させたい周波数に意図的に同調することもできる**んです。

パートナーといい関係でいるためには、自分の周波数を愛に意図的に同調させるようにすればいいのです。

第3章で、愛に周波数を同調させるには、太陽や大地などの自然が私たちが生きていくために必要なものを無償で与えてくれていることに感謝するといいということをご紹介しましたよね。

ですから、毎朝起きたら、**朝日を見てその無償の愛に周波数を合わせるだけで、あなたは愛にあふれた状態になり、人にも自分にも愛情深くなれます**。

実は朝日を浴びるだけで、生命力をチャージすることもできるんです。ですから、愛情深くなれるだけでなく、心も体も健やかになれます。

それに、あなたが愛情深くあるということは、愛情深い人や、愛にあふれた環境を引き付けることにもつながります。

さらにあなたの身近にいる人は、あなたと周波数が同調しやすくなり、相手の愛情深さを引き出すことにもつながります。

ですから、**あなたが愛情深くあるなら、あなたのパートナーの愛情深さをも引き出すことにつながる**のです。

人はどうしても、愛されたいと思ってしまいます。つまり、相手に愛を求めてしまうのです。でも、相手から愛を求めてばかりいる状態は、あまり高い周波数の状態ではありません。

なぜなら、人から愛を求めるということは、自分には愛が足りない状態であるということだからです。**自分に愛が足りない状態なら、受け取るものもそれを反映して、愛されない状態や、愛を求めてばかりで、与えてくれない人を引き付ける**ことになってしまいます。

パートナーと長くいい関係でいるには、やっぱり愛し合える状態であることですよね。その状態は、繊細さんが愛と周波数を同調させ、愛情深い状態であるなら、自動的に現実化しやすくなるのです。

それは、決して難しいことではありません。

もしかすると、これまではどうして自分は愛されないのだろうと悩んでいた繊細さんもいたかもしれません。

それはなにも繊細さんに限ったことではないでしょう。世の多くの人は、愛されるために、何らかの条件を揃えようとしたり、自分を変えようとしたりします。

でも、一番大事なことは、相手に愛されるように自分を変えることではなかったのです。

**自分自身が愛に周波数を同調させ、まず自分を愛で満たすことだったのです。そうすれば、自動的に愛情深い人や、愛にあふれた環境を引き付けることになる。それが宇宙の法則なのです。**

## 6 目に見えない周波数を感覚的に操作できる↓愛や感謝、癒やしを送ることができる

繊細さんは、周波数同調能力が高いだけではありません。自分が同調させた周波数を、人に向かって送ることもできます。

**人は特有の周波数を発していて、目には見えないけれども、それが伝わるということを、誰よりも身をもって感じてきたのが繊細さんです。**

以前は、人の発している周波数から身を守ることができずに、翻弄されるところがあったかもしれませんが、繊細さんはこれまで紹介してきた方法を活用すれば、自分の周波数を上げることで、低い周波数をはねのけることもできるようになります。

そして、**自分が同調させた高い周波数を、頭をカラッポにして、宇宙とつながっている状態に戻せば、人に向かって流せる**ようになります。

もちろん、流す周波数は、宇宙の周波数と同調する高い周波数に限ります。**パー**

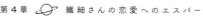

**トナーや愛する人といい関係でいたいなら、やはり相手をコントロールするのではなく、相手の幸せにつながる周波数を送るといい**です。

愛や光は、いくら人に送っても、自分にとっても相手にとっても害になることは一切ありません。それに、相手が繊細さんでなくても、その周波数は確実に伝わりますから、相手もなんとなくあなたを思い浮かべただけで、なんだかいい気分になり、ますますあなたへの愛情が深まるでしょう。

確かに愛や光などはいくら流しても害はないのですが、**万が一、憎しみや恨みなどの周波数を送ってしまうと、送っている本人の周波数が下がり、その低い周波数を反映したよろしくないことが現実化しやすくなるので注意**してください。また、相手に対してカルマを作ってしまうので、それが自分にはね返ってきてしまいます。

愛や光は微細な周波数でもあるので、最速で相手に伝わりますが、ネガティブな周波数は伝わる速度が遅いので、仮に送ってしまったとしても、すぐに取り消せば相手に伝わる前に消えてしまいます。

すぐに取り消さなかったとしたら、頭をカラッポにして宇宙とつながり、相手に送ったネガティブな周波数を自分に取り戻すと強く意図すれば戻ってきます。そして、その後、自分の周波数を上げれば、取り消すことができます。

次のページでは、相手に向かって周波数を送る方法をご説明します。みなさんも実際にやってみてください。

## 相手の幸せにつながる周波数を送る

1 深呼吸をして心を鎮め、自分が送りたいと感じる周波数に同調する。
※愛なら太陽の光を浴びているところをイメージし、無条件の愛に感謝する。癒やしなら樹木に触れて心が落ち着くのをイメージするだけで同調。

2 頭をカラッポにして、宇宙とつながる。

3 相手を思い浮かべ、その人の頭頂から周波数が全身全霊を満たしていくのをイメージする。

POINT 気が済むまで送ったら、相手の幸せを祈って終了しましょう。

## 7 表現力が豊か ↓ 褒め上手になってますます愛される

**豊かな感受性を持つ繊細さんは、アーティストの才能にも恵まれています。**

その豊かな感受性を活かして、相手の素晴らしさを感じ取ってみてください。

もしも、その相手に対して恋愛感情があるなら、頼まれなくても敏感に感じ取っているかもしれませんね。それも、相手も気づいていないような魅力を感じ取っているに違いありません。

**そんな魅力を、豊かな表現力を活かして、口に出して褒めるんです。**

気遣いの細やかな繊細さんは、そんなことを口に出して、相手は気分を害さないだろうかと心配するかもしれません。

でも、世の中に、褒められてイヤな気分になる人なんて、まずいません。

しかも、繊細さんのような表現力のある人に褒められたら、天にも昇るほどうれしくなってしまうでしょう。

なにもお世辞や、心にもないことを言う必要はありません。

無理に褒めるんじゃなくて、心から感じている相手の素晴らしさを素直に口に出して伝えるだけです。

人って褒められると自信もつきますよね。自信がつくと、仕事でのパフォーマンスも上がります。

つまり、繊細さんはあげマンになれるということ。

それに、**いつもその素晴らしさを口に出して褒めてくれる繊細さんは、相手にとっては、ますますなくてはならない人になってきます**。

そして、相手もそれを映し出して、繊細さんの素晴らしさを口に出して伝えてくれるようになるでしょう。

もうラブラブ路線まっしぐらですよね。

口に出して褒めるということは、最初は繊細さんにとって、ちょっと勇気のいることだと思います。

どうしても相手にどう思われるかを必要以上に気にしてしまう繊細さんは人に自

分の意思を伝えることを申し訳ないことだと思ってしまうところがあるからです。

でも、自分の大好きな人に対して、素直にその素晴らしさを口に出して表現することで、愛情が深まるという実体験をすれば、自分の気持ちを伝えても大丈夫なんだという自信にもつながります。

そして、それがきっかけとなって、人間関係全般において、素直に自分の気持ちを伝えられるようになっていくでしょう。

ですから**愛する人に対して、豊かな感受性と表現力を活かして、いかに相手が素晴らしいか伝えることは、相手との関係を深めるだけでなく、人間関係全般においても、いい関係を作り出す**ことにつながるのです。

## 8 細やかな配慮ができる↓居心地いい空気を醸し出せる

もしかすると、繊細さんの細やかな配慮に、気づかない人もいるかもしれません。

たとえば、ティッシュボックスを置く位置1つとっても、繊細さんは動線がスムーズになる位置に置きます。

具体的に気づかなかったとしても、繊細さんの細やかな配慮は、その空間にいる人をとても居心地よくしてくれるのです。

繊細さんの愛する人も、繊細さんと一緒にいるだけで、なぜかホッとして、快適さを感じるはずです。たとえ、その人がどんなに鈍い人であったとしても（笑）。

ここで大事なのは、自分の気遣いが他の人に気づいてもらえなかったとしても、気にしないことです。

この大らかさがあればこそ、繊細さんの細やかな配慮が、余計に居心地のいいものとして人に伝わりますし、愛する人ももっと一緒にいたいと思うのです。

相手からの見返りを気にしないことは、なにも一方的に自分をすり減らして尽くすということではありません。

繊細さんは細やかな気遣いをすること自体が好きなはずです。だから、自分をすり減らして人のためにやっているというよりは、細やかな気遣いをすることを楽しんでください。

その**楽しんでいる状態こそが高い周波数の状態で、その高い周波数の状態が愛にあふれた環境を現実化していく**のです。

ですから、人に気づかれようと気づかれまいと、自分自身がやっていて楽しいと思える細やかな配慮をすることで、みんなも自分も幸せになっていきます。

## 9 人と群れずにいられる ↓ 依存せず、触発し合える関係になれる

いくら好きな人でも、四六時中ベタベタされて、いつも一緒にいないと気が済まない相手だとしたら、だんだんうんざりしてきますよね。

その点、**刺激に敏感な繊細さんは、刺激から解放されて心を休める一人になる時間が必要**なので、いつも誰かと一緒にいないと耐えられないということはありません。

そもそも人がいっぱいいる状態は苦手ですから、人と群れることもあまり好きではないでしょう。

でも、**それが人と自然にいい距離感を保てることにつながります**。

無駄に人に寄りかからないので、重たい関係にもなりにくいです。それが相手の自由を尊重することにもなるので、相手にとっては長くお付き合いできる人でいられます。

また、**一人でいる時間を楽しめる繊細さんは、そんな自分自身の周波数を反映した、自立した人を引き付けやすい**です。

つまり、それぞれが自分の世界を持ち、それぞれに触発し合える自立したパートナーシップを築けるのです。

そのためには繊細さん自身も、一人になる時間を孤独な時間だと思わずに楽しむことです。

一人になれる時間に、何をすれば自分を癒やせるのか、あるいは、気分よくできるのか、いろいろ試してみるといいでしょう。そして、その癒やしなり安らぎなりを、自分なりに極めることを楽しんでください。

それによって、一人の時間がより楽しくなり、かつ精神的な自立も加速します。

**大好きな人と一緒にいることも楽しめる。でも一人でいる時間も楽しめる。両方を楽しめる人こそが、本当に素晴らしいパートナーシップを築けます**。

繊細さんはもともとそうなれるだけの基盤ができているということに、自信を持ってくださいね。

## 10
## チャネリング能力がある↓好きな恋愛マスターとつながれる

光の存在たちは、人間を助けたり、導いたりしたいと思っています。せっかく光の存在が、さらに幸せになるためのメッセージを送ってくれていても、人間の方がそれに気づかないとどうしようもありません。

その点、**繊細さんは、頭を力ラッポにすることにさえ慣れれば、比較的簡単に光の存在たちのメッセージを受け取ることができます**。

たとえば、愛の女神であるヴィーナスとか、アテナ、聖母マリアなどは、恋愛マスターでもありますから、きっと力になってくれるでしょう。

でもこれらの女神たちだけでなく、天使でも神様でも、あなたの好きな光の存在を指名していいのです。

**自分と相性の合う光の存在がいますから、いろんな光の存在とつながってみると面白い**かもしれません。

彼らとつながってメッセージを受け取ったら、ぜひそれを行動に移し、活用してください。**受け取ったメッセージを活用して、あなたの魅力をますます輝かせ、素晴らしい恋愛をすればするほど、ますます光の存在たちがサポートしてくれる**でしょう。

そして、もちろん、メッセージを受け取ったら、心から感謝してくださいね。

やってみよう！

# 光の存在からメッセージを受け取る

1. 深呼吸をして心を鎮め、軽く目を閉じて大丈夫ポイントにつながる。

2. 頭をカラッポにして、つながりたい光の存在を指名し、何について教えてほしいのかを伝える。

3. 光の存在からのメッセージが、自然と心に浮かんでくる。

POINT　メッセージを受け取ったら心から感謝して、必ず行動に移しましょう。

第 5 章

# 繊細さんの仕事への エスパー能力活用法

## 繊細さんは仕事環境と仕事内容次第で大成功できる

次に、仕事への活用方法をお伝えしましょう。

繊細さんは、人が気づかないような細かいところまでよく気がつくので、他の人よりも作業に時間がかかってしまい、それを申し訳ないことのように思ってしまったりします。

それから職場にたくさんの人がいると、人疲れして、家に帰るとぐったりしてしまうということもあるでしょう。

それなのに、無理をしてみんなに合わせようとすると、とんでもなく疲労してしまいます。

そんな無理なんてしなくていいんですよ。

それよりも、そんな繊細さんの才能が活かせる仕事を選べばいいんです。世の中にはそういう仕事がちゃんとあります。

仕事内容だけでなく、繊細さんに合う仕事環境や仕事スタイルを選べば、その才能をフルに発揮して、大成功できるんです。

自分の才能が活かせて、夢中になれることを仕事にし、自分に合った仕事環境と仕事スタイルでやるなら、仕事ってこんなに楽しかったんだってきっと実感できると思います。もともと大好きなことには熱中してしまう繊細さんですから、パフォーマンスも専門性も高い、素晴らしい仕事ができるでしょう。

さっそく仕事への才能の活かし方をご紹介していきますね。

## 1 直感的に理解できる ↓ 実は短時間で効率よく仕事ができる

繊細さんは、細かいところに気がつき、丁寧に仕事をしようとするので、どうしても時間がかかってしまうところがあります。

でも、丁寧さは素晴らしい美点なので、それを無理に変えようとすることはありませんからね。

それよりも、持ち前の直感力を仕事に活かすのです。

**繊細さんは、言葉で細かく説明されなくても、全体を一瞬で把握する能力が高いです。**

つまり、仕事をするときは、頭で考えすぎずに、直感的にその仕事の要点を把握してみてください。どこがこの仕事のポイントで、何に注意すればいいのかを、頭をカラッポにすれば、おそらく一瞬にして把握できるでしょう。

**直感力を活かして仕事の要点を把握したら、今度は「大丈夫ポイント」につなが**

**って、頭をカラッポにし、その仕事にグ～ッと集中する**のです。

そうすれば、驚くほど仕事の効率が上がります。効率よく仕事した後は、細かなミスを見逃さない注意力や丁寧さを活かして確認作業をすれば、繊細さんは速くて的確な仕事ができます。

それだけの資質を持っていることに自信を持ってくださいね。

**繊細さんは仕事が遅いという思い込みや先入観を捨ててください**。ただ単に優れた能力の使い方を知らなかっただけなのです。

そのポイントは、頭をカラッポにして、宇宙とのつながりを取り戻すことなんです。受け取る必要のないものを遮断することも第3章でお伝えしましたよね。

それも活かしつつ、頭をカラッポにすることに慣れれば、繊細さんならきっとできます。

本来仕事でも、成功できる高い能力を持っているということを、自分自身でも認めてくださいね。

## 2 先が読める↓失敗する前に気づき、改善できる

①の項目でもお伝えしましたが、繊細さんは細やかなので、作業をした後の確認作業でミスを発見し、修正する能力も高いです。

ひと仕事終えた後の確認作業にはその細やかさが活かせますが、それ以前に、**繊細さんには先を読む力もあります**。

そのプロジェクトのメンバーの意識がどっちに向いているかを察知する能力が高いです。

だから、そのプロジェクトが、どうなるか、先が読めてしまうのです。このまま進んでいったらプロジェクトがスムーズに進展し、成功していくのか、それともつまずいてしまうか、なんとなくわかります。

**もしも、つまずくなら、何がその要因になるのかも、きっと察知できます**。ただ察知できても、繊細さんの場合は、それをみんなに伝えて気を悪くしないだろうか

と気にしてしまい、口に出すことをためらうかもしれません。

そういう場合は、繊細さんの持つ表現力の高さを活用するのです。

どういう言葉を選べば、あるいはどのような言い方をすれば、みんなの士気を下げずに理解してもらえるか、それもまた繊細さんならわかるはずです。

そして、そんな先のことまで読める繊細さんが、プロジェクトには欠かせない重要な人であると認められるようになるでしょう。

ただ、そんな評価も、それを実践して初めてついてくることです。ですから、最初は勇気がいるかもしれませんが、行動に移すことです。


**自分はHSPだから、自分の考えを人に伝えることが苦手だという自分に対する先入観も捨ててください。**


人一倍気遣いと表現力のある繊細さんに、できないわけがありません。

もしも、どうしても自信が持てなければ、最初はみんなでやる仕事ではなく、自分一人で完結する仕事のやり方に関して、そのやり方でやり続けてうまくいくのか、それともどこかでつまずくか感じてみてください。

そして、**もしも、どこかでつまずく気がするなら、どこでつまずくか感じ取って、そこでつまずかないために何ができるのかを直感的に把握し、自分の仕事に活かしてみてください**。

そういう経験を重ねていけば、自分の先読みが信頼できるということに自信が持てるようになるでしょう。

それを仕事の様々な場面に応用していけばいいだけです。

繊細さんは、自分で思っている以上に、仕事におけるエスパー能力も高いのです。

そのことを自分自身が認めていくことで、ますます能力を発揮できるようになり、成功も豊かさも手に入るようになるでしょう。

## 3 相手の気持ちを察することができる ↓ファンを増やせる

どういう仕事をするとしても、**相手の気持ちを察することができる能力は大きなアドバンテージ**になるでしょう。

もちろん仕事仲間の気持ちを敏感に察知して、みんなが気持ちよく仕事ができるように気遣いをすることもできると思います。

でも、**それよりも起業したり、フリーランスで仕事をしたりする場合に、自分のファンを増やすことができる**ということをお伝えしたいのです。

- **何を望んでいるのか**
- **何を求めているのか**
- **何を幸せだと感じるのか**
- **何を伝えることで目覚めるのか**

繊細さんは、お客さんのこういったニーズを的確に感じ取ることができます。

でも、1つ注意してほしいことがあるのです。

それは、自分自身は何をやりたいのか、何を伝えたいのかということです。

**自分のやりたいことを無視して、ただ単にお客さんの要望にだけ応え続けるとしたら、疲弊してしまいます**。

なぜなら、自分自身が満たされないからです。

私が経験上思うのは、**お客さんの要望ももちろん大事ですが、それ以上に自分がやりたいと思うことをやると、それに見合ったお客さんをたくさん引き付けられます。それに、自分が魂の底からやりたいと思うことをやることが大事**だということです。

どうしてそういうことが起こるのかというと、魂の歓びという周波数に、人はとても引き付けられるからです。

人は誰しも魂の歓びに従って生きたいんです。おそらくそれは本能的なものです。その本能が、人が発する魂の歓びの周波数に自分も同調したいという衝動を起こすので、人は魂の歓びの周波数を発する人に引き付けられてしまうのです。

だから、**魂の歓びのままに生きていれば、自分が魂の底から満たされるだけでなく、その周りに集まってくる人が魂の歓びに従って生きられることにつながっていく**のです。

ですから、やはり核にするのは自分の魂の歓びでいいのです。

その上で、お客さんのニーズも感じてみる。その重なり合うことをやっていくと、大成功すること請け合いです。

**もともと人への気遣いのある繊細さんですが、仕事に関してまず優先すべきは、自分自身の魂の歓びです**ので、そこはブレないようにしましょう。

けれども、人の気持ちばかり優先してきた人の場合、最初は自分の魂の歓びが何かよくわからないかもしれません。

その場合は、まずランチのオーダーを頭で決めずに、体が望むものに素直に従うというところから始めてみてください。そんな身近なところから、頭をカラッポにして、こうしたいという素直な感覚に従っていけば、魂の歓びにもどんどん目覚めていくでしょう。

## 4 自然や動物、植物などと通じ合える→無料の癒やしでストレスを軽減できる

繊細さんは、自然の美しさや素晴らしさを豊かに感じ取れる人です。**美しさを感じ取れるだけでなく、自然が発する癒やしの周波数にも敏感に同調できます。**

ですから、仕事で精神的に緊張したときや、ハードワークで疲れたときは、自然の中に行くだけで、すぐに癒やされ、パワーチャージもできてしまいます。

オフィス街だと、周りにあまり自然がないかもしれませんが、通勤途中にある街路樹の中に、好きな樹木を見つけておくとか、職場の近くにある公園をチェックするとかしておくと、それがマイオアシスになるはずです。

職場の近く以外にも、自宅から行ける癒やしスポットをリストアップしておくといいでしょう。

体が疲れたときは、日帰りで温泉に行くとか、イライラして落ち着かないときは、山の渓流まで行って川に足を浸すとか、自分なりの癒やしメニューを決めておくと

便利だと思います。

自然だけでなく、動物からも愛の癒やしを受け取ることができます。自宅で好きなペットを飼って、一緒に遊ぶだけでもかなり癒やされますよね。

もしも、ペットを飼えない環境なら、YouTubeの中に、癒やされる動物動画が山ほどあります。自分の好きな動画をチャンネル登録して視聴するだけでも、他の人より繊細さんは、大きな癒やしを受け取ることができるでしょう。

自然の豊かな場所に出かけなくても、家の中に観葉植物を置いたり、お庭に花を植えたり、家庭菜園を作ったり、身近に植物と触れ合う機会があると、繊細さんは人一倍心地よいおうちタイムを過ごせると思います。

植物とも動物とも、繊細さんなら言葉を超えた交流ができますから、きっと素敵な愛ある関係を築けると思います。

**自分と相性のいい植物や動物を見つけて、疲れたときはパワーチャージするとともに、あなた自身も植物や動物にたっぷり愛を注いでください。**彼らもきっと歓んでますますあなたの力になろうとするでしょう。

## 5 周波数同調能力が高い→尊敬する人の能力をコピーできる

あの人から教えを受けてみたいと思うような、尊敬する人はいますか？

今活躍している人でもいいですし、すでに亡くなってしまった偉人でもいいです。

もしもそのような尊敬する人がいるなら、あなたの心のメンター（助言役）になってもらいましょう。

直接お話しできなくても、**繊細さんは周波数同調能力が高いので、その人の持っている能力の周波数に同調することができます。**

心のメンターの、たとえば誰もやっていないことに、勇気を持って挑戦し、新しい時代を創造してしまう能力にほれ込んだのなら、その能力の周波数に同調させるのです。やり方はカンタンです。

やってみよう!

# 心のメンターの能力をコピーする

1. 深呼吸をして心を鎮め、軽く目を閉じて大丈夫ポイントにつながる。

2. 頭をカラッポにして、心のメンターの素晴らしい能力を思い浮かべる。

3. 素直に感動するだけで、その能力の周波数に同調してコピーできる。

**POINT** 同調後、できれば自分がその能力を発揮しているところをイメージしましょう。そして、そのリアルな感覚を光の珠《たま》にして、胸の中央の奥にある魂に入れましょう。

この能力の周波数のコピーって、なにも偉人からだけでなく、会社の先輩や同僚からやったっていいんですよ。

「いいなあ、あんなに発想が豊かで」と指をくわえて、うらやましがっている場合ではありません。

「そうか！　自分には周波数同調能力の高さがあったんだ！　だったら、その能力の周波数に同調すればいいじゃないか」ってすぐに思い出してください。

そして、ご紹介した手順で、その人の能力をコピーすればいいんです。

なんでこんなことができるのかと言えば、実は、あなたにもそもそもそれだけの能力があるからなんですよ。

宇宙の基本法則のところで、宇宙はすべてなるものだという話をしましたよね。

そして、そんな宇宙と私たちは本質的にひとつなのです。

**宇宙はあらゆる能力の宝庫でもあるのです。だから、あなたがその中の開花させたい能力の周波数に同調すれば、ちゃんとその能力が使えるようになる**のです。

「えっ？　そんなにカンタンに能力が開花しちゃっていいの？」って思うかもしれ

ませんね。

努力しないと能力なんて身につくわけがないと思っていませんか？

確かに筋力のような物理的な能力は、鍛えないと身につかない側面もあるかもしれません。でも、自分にもそれだけの筋力が本質的にはあるはずだと思う人と、そう思わない人では、能力の開花の速度が違うんです。

そのくらい、どっちに意識を向けるかで、起こることが変わります。

ということは、能力の周波数に同調することによって、今まであまり使わなかった能力も開花すると思うなら、本当に開花するのです。

今でこそ「口から生まれてきたんでしょ」と言われる私ですが、実は極度の緊張しいで、人前で話すことが超苦手でした。

それなのに、好きなラジオパーソナリティの真似をして、その周波数に同調し続けたら、人前で話せる能力が開花しました。

その後、前述の通り、地元FMでラジオパーソナリティに本当になるチャンスがやって来ました。

最初の回だけ、何度か録り直しをしましたが、それ以降は平気で話せるようになりました。あんなに苦手に思っていたのに、大した練習もしないのに、平気で人前で話せるようになるなんて、自分でも不思議でした。

**努力して頑張らないとできるようにならないという時代は終わりつつあります。**

**もっと楽に、能力を開花していいのです。**

## 6 目に見えない周波数を感覚的に操作できる↓優秀なヒーラーになれる

見出し通り、繊細さんは、ズバリ優秀なヒーラーになる才能にあふれています。周波数同調能力の高さを活かし、様々な周波数と同調することができますし、クライアントさんに必要な周波数を察知して、その周波数を相手に向かって流すこともできるでしょう。

私はご存じの通り、スピリチュアル業界で仕事をしていますが、優秀なヒーラーさんの中には、繊細さんがたくさんいます。

**様々な周波数の光を相手に流せるだけでなく、鋭い直感力や察知力があるので、相手のどこを癒やせばいいのかも感覚的にわかるし、相手に癒やすべきどんなトラウマがあるのかも鋭く感じ取れます。**なので、的確で効果的なヒーリングができるのです。

ただ一点、ここでも注意が必要なことがあります。どうしても繊細さんは自分の身を削ってまで人に尽くしてしまいがちなので、しっかりと境界線を作ることと、相手の邪気を吸わないようなシールドをすることです。

そして、ヒーリングが終わったら、自分自身の浄化もしっかりやることをお忘れなく。

自然のエネルギーに触れたり、天然のお塩を入れたお風呂でゆっくり入浴したり、光の周波数に合わせて邪気を祓ったり……。

やり方はいろいろありますが、**繊細さんの場合はどういう浄化をすればいいのか、チャネリング能力を活かして、宇宙からあなただけの浄化法を教えてもらってもいい**と思います。

優秀なヒーラーとして売れっ子になると、今度は予約がどんどん入るようになると思います。でも自分のコンディションを崩すほど、たくさんの予約を無理に入れないことです。

スピリチュアルな仕事は精神力を使うので、休養がないと消耗が激しくなってしまいます。

私も最初はヒーラーからこの仕事を始めましたが、ある時期から、数か月先まで予約が入ってしまうようになりました。ヒーリングをすることは大好きだったし、自分の歓びでもあったのですが、いくら好きでも休業日が必要です。

1週間に2日休むという週休のようなものだけでなく、長期的な休養も1年の中に最低でも2回以上は必要でした。

**繊細さんは敏感にいろいろなこと感じ取ってしまう体質でもあるので、特に休養と自分のケアが大切**です。

料金を安くしてたくさんヒーリングするやり方は、おそらく繊細さんには向かないでしょう。その方式にすると、消耗が激しくなってしまうからです。

それよりも高めに料金設定して、その分集中して質の高いヒーリングを提供する方式にした方が、自分にとってもクライアントさんにとってもいいと思いますよ。

## 7 表現力が豊か↓SNSでバズれる

私はもともとコピーライターをやっていたので、文章を書くことが好きですし、楽にできます。そんなふうに**繊細さんも、たくさんの表現の中で、自分の得意な表現がある**と思います。

お話をするのが得意な人もいれば、モノを作ったり、踊ったり、歌ったり、楽器を演奏したり、絵を描いたり、映像を制作したり……。まだまだたくさんあると思いますが、自分が楽しくやれるし、得意なことをSNSを活用して発信すれば、それでどんどん人気が出るでしょう。

気負う必要は全然ありません。気楽に、等身大の表現をすればいいんですよ。すごいものや、完璧な表現をしないとダメだと思わないことです。**細かいところまでよく気がつく繊細さんなので、きちんとしなきゃって思うかもしれませんが、そこは「自分褒め褒め大作戦」を徹底し、どんな自分にもOKを出せるようにしていく**

**といい**と思います。

でも、どうしても完成度にこだわりたいのなら、逆にそれを徹底させることだと思います。

自分が納得いくまで、こだわり抜いたらいいんです。それも繊細さんのよさでもありますから。発表する数は少ないけれど、その代わり、完成度が高く、見る人を圧倒するような迫力のあるものを作り、それが評判になるということも十分にあり得ると思います。

いずれにしても、**自分らしく、自分がやっていて楽しく、一番自然体でいられるやり方を選ぶ**ことです。

どういうやり方を選んだとしても、きっと繊細さんの表現に心を動かされる人は多いでしょうし、人気が出る可能性も高いです。

## 8 細やかな配慮ができる ↓ 最高のサービスを提供できる

日本人にはおもてなしの精神があると言われていますよね。実際、日本の一流ホテルの中には、他にはない行き届いたサービスをしてくれるホテルが多いです。

私も仕事で全国あちこちのホテルに泊まりますが、**一流ホテルのサービスのすごいところは、こっちが気づかないほど細かいところに配慮がされているだけではありません。誰が主役かわかっているところ**です。

ホテルの主役は、お泊まりになるお客様。これ見よがしで押し付けがましいサービスはしないんですよね。だけど、ちょっとホテルサイドのサポートが欲しい場面では、どこで見ていたのか、お客様の空気を乱さずに、さりげなく、けれどもとても温かいサービスをしてくれます。

この**行き届いた細やかなサービスは、繊細さんが得意とするところ**だと思います。

ですから、繊細さんが接客業やサービス業を仕事にするなら、やはり成功できる可能性が高いです。

また接客やマナーの先生としても活躍することができると思います。普通の人はそこまで細やかな気遣いはできないので、自分が気にかけている細やかなことを、すべてマニュアル化できたなら、人にもそれを伝えることができるでしょう。

その意味では接客やサービスだけでなく、教育にも才能を発揮できると思います。あまり大人数でやるのではなく、自分の目が行き届く少人数を相手に、きめ細かくレベルの高いサービスの在り方を指導する、高級サロンの経営もできるのではと思います。

繊細さんの場合は、宇宙からアドバイスを受け取る能力も高いですから、どういう経営形態がいいのかも、ぜひ宇宙から教えてもらうといいと思いますよ。

## 9 人と群れずにいられる↓仕事仲間とベストな距離感を保てる

**普段、周りの人に細やかな気配りのある繊細さんは、チームで仕事をするときは、メンバーと調和的にコミュニケーションをし、潤滑油のような役割を果たせる**でしょう。繊細さんがいるだけで、きっとみんな、仕事がやりやすくなると思います。

でも繊細さんは、人と長くベッタリ一緒にいると消耗してしまいます。ビジネスタイムは、必要な気遣いはするとしても、自分を犠牲にしてまで尽くす必要はありませんし、プライベートな時間まで犠牲にしなくていいです。

昭和の頃は、仕事仲間と良好な関係を保つには、一緒に飲みに行く「飲みニケーション」が欠かせないと言われていました。私も昭和の時代を生きてきた人間の1人なので、コピーライター時代は、よく仕事仲間との飲み会がありました。

そういうのが好きな人は、そこで仲良くなって、仕事がやりやすくなる場合もあるでしょう。でも、正直言って、仕事が終わった後まで、上司に気を遣わなければならないのは苦痛だという人もかなり多いと思います。

今はむしろ、仕事が終わったら、しっかり線引きして、自分の時間を楽しむという人が増えています。さらにコロナの影響もあって、「飲みニケーション」は、ほとんど死語になりました。

ですから繊細さんも、仕事が終わったら、しっかり線引きして、自分一人になれる時間を大切にしても大丈夫です。

もともと一人になる時間を楽しんでいた繊細さんは、人といい距離感を保つことも得意なはずです。必要以上にベッタリもせず、かといって素っ気なく突き放すということもしない。そこは相手の気持ちを察するのが得意な繊細さんなら、相手に合わせてうまく距離を取れるはず。

**お互いを尊重して、それぞれの能力を発揮しやすい環境を作るには、そんな「いい距離感」が大事**です。無理さえしなければ、そもそも一人でいることも苦にならない繊細さんは、人に流されず、自分らしく仕事ができるでしょう。

## 10 チャネリング能力がある→光の存在から仕事のアドバイスを受けられる

仕事で業績を上げるには？　あるいは、仕事仲間との関係をよくするには？　今の仕事を辞めて、独立しようと思っているのだけれど、どういう準備をしていけばいいのか？

仕事に関して様々な悩みを持つことがあるでしょう。

あなたに信頼できる相談相手がいるなら、その人に相談することも、もちろんいいでしょう。

でも、**繊細さんにはチャネリング能力があります。特別な訓練をしなくても、あなたがこの光の存在とつながりたいと意図するなら、その存在とつながってアドバイスをもらうことができます**。

たとえば、経津主大神《ふつぬしのおおかみ》は勝利の神とも呼ばれていて、仕事において、具体的に実現したいことがあるなら、その決意を固め、行動を続けて実現していくためのアドバイスをしてくれると思います。

経津主大神は、香取神宮のご祭神ですから、全国の香取神社に実際に足を運んでみるのもいいと思います。

神社には結界が張られているので、清浄な氣《き》にあふれていますし、自然も豊かですから、行くだけでも癒やしとパワーチャージの両方が得られます。神社のよい氣の中なら、経津主大神と余計につながりやすいでしょう。きっといいアドバイスを受け取れると思いますよ。

さらに、叡智の天使・大天使ウリエルも、あなたに覚醒する叡智を授けてくれるでしょう。ウリエルは仕事だけでなく、人生のあらゆる側面において叡智を授けてくれると思いますが、かなり深く崇高な叡智でもあるので、最初は理解しがたいかもしれません。でも、中途半端なノウハウよりも、真理を究めたいという志向の方には、ベストな光の存在だと思いますよ。

その他、あなたのハイヤーセルフや守護天使など、身近にいて、あなたを導くことを専門にしている光の存在につながることもおススメします。

なぜなら、彼らはあなたのことを身近で見ていて、よく知っていますから、プライベートな光の家庭教師のようなものなのです。

**いろいろな光の存在と気軽につながってみて、自分と相性のよい光の存在を見つけ、こちらからどんどん質問し、受け取ったアドバイスを実際に活かしていくことで、そんな光の存在との関係もより深まり、ますますサポートをしてもらえるようになる**でしょう。

コーチもコンサルタントも料金がかかりますが、彼らはみなあなたに何の見返りも求めません。

彼らにとっては、あなたが自分らしく輝き、真に幸せになることが最高の歓びなのです。ですから、恩返ししたいと思うなら、どんなアドバイスだろうと、彼らのアドバイスをとにかく実際に行動に移し、それによって幸せになることだと思います。

彼らはアドバイスはしますが、依存はさせませんから、あなたが自分の足で歩き、道を切り開いていってください。

第6章

# 繊細さんのお金へのエスパー能力活用法

## 繊細さんは質の高いサービスを提供できる

最後に、お金への活用方法です。

繊細さんは、とても相手への気遣いのある人ですから、あなたに人がお金を払おうとすることに対して、なんだか申し訳ないような気持ちになってしまうところがあると思います。

それに、欲深さに対する嫌悪感もあるので、余計にお金をもらってはいけないような気がしてしまうかもしれません。

そうなると、なんだか人に尽くすだけ尽くして、受け取るものを受け取らないという悪循環になってしまいます。

繊細さん、あなたには数々の素晴らしい能力があるんです。時代を読む力もあるし、最高のサービスを提供できる心遣いもあるし、光の存在たちから直《じか》に教えてもらうこともできる人です。

つまり、とても質の高いサービスを提供できる人なんです。ですから、それだけの高い質に見合ったお金をもらっていいのです。具体的な才能の活かし方に入る前に、自分がいかに素晴らしい才能に恵まれているのか認め、それを活かして、お金も含めて、人生のあらゆる側面から豊かさを受け取っていいのだと、自分に許可してください。それさえできれば、ガツガツ稼ごうとしなくても、あとは才能を活かすだけで、お金が向こうからどんどん寄ってくるようになります。

それでは、繊細さんの才能を、お金にどう活かせばいいのか見ていきましょう。

## 1 直感的に理解できる↓豊かさにつながる縁やアイデアに恵まれる

**繊細さんがすでに与えられている豊かさに意識を向け、そこに幸せを感じられるようになったら、豊かさの直感が鋭くなってきます。**

誰と会えば、あるいは、どんな人と出会ったら、豊かさが流れ込むのかピンとくるようになるのです。

なぜか知らないけど、この人に会った方がいいと感じることはありませんか？

その直感に従って、その人に会いに行くと、あなたがやろうとしていることがお金につながる糸口が見えたり、その人に支援してもらうことになったりするのです。

私が最初に個人セッションを始めたときもそうでした。

その当時は、以前の職場を辞め、これからは好きなことができるというものすごい解放感に満たされていました。

もうやりたくないことをしなくていい。自分のペースで生きられると思うと、朝起きて生きているだけでありがたく、うれしくてたまりませんでした。仕事がないという不安より、解放感の方が勝っていたのです。

それはまさに豊かさに周波数が合っている状態だったと思います。

そんなときに、透視ヒーリングの個人セッションを始めたのですが、どうやって宣伝していいのかよくわかりませんでした。でも、なんとなく、以前自分が参加したセミナーのメーリングリストが2つあって、その両方にお試しセッションの募集をすればいいとピンときました。

すると、セミナーでは話もしたこともなかった人から、セッションの申し込みがありました。彼女は、なんと私と同郷で気が合い、私の提供したヒーリングにもとても感激してくれて、次々自分の友だちを紹介してくれました。

もう1つのメーリングリストからも、もう1人同じような方が夫婦で申し込んでくださって、その方も次々お客さんを紹介してくれたのです。

さらに、その紹介してくださった方が、また自分の知り合いを紹介するという連鎖が続き、なんと開業して2か月目には、生活に困らないほどの収入が入るようになったのです。

それから自分の仕事をどこで始めればいいのかということも、直感を通して降りてきました。それはなんと自宅の一角をヒーリングスペースにすればいいというものでした。

私の家は都心ではなく、自然の豊かな海辺の真鶴というところなのですが、最寄り駅からは歩いて20分もかかりますし、決して便利な場所にあるわけではないのです。

ところが、ヒーリングを受けに来てくださった方たちは、うちから見える海と空を見るだけで癒やされると歓んでくれました。

ごみごみした都心を離れ、自然の豊かな真鶴に来ること自体を楽しんでくれたのです。つまり、駅近で便利な場所がベストな場所ではなく、私の家が効果的だったということです。

普通に考えれば、そんなところでヒーリングをやって、お客さんがわざわざ来てくれるわけがないと思いがちですが、宇宙はどこでやればいいのかお見通しだったのです。**直感を通して降りてきた宇宙の叡智を信じてさえいればよかったのです**。

それに自宅を一部改装するだけで済んだので、経費も大してかかりませんでした。

こんなふうに、**繊細さんも豊かさと周波数が合う状態にしてさえいれば、いくらでもお金につながる叡智が直感を通して降りてくる**でしょう。

今、豊かさに周波数が合う状態にすればいいと言いましたが、それはつまり「ない」ではなく「ある」に意識を向けるということです。

それに関しては、第3章の「受け取っていいものを意図的に受け取れるようになる」の2でお話ししましたよね。

私の場合も、仕事が「ない」ではなく、自由が「ある」に意識が向いていたので、お客様が次々にやってくるという豊かさの流れが来たのだと思います。

その上で直感を信じて、どんどん行動することさえできれば、豊かさがどんどん流れ込む状態を、繊細さんは作り出すことができるのです。

## 2 先が読める↓時代を読める

企業に勤めていたとしても、自分で起業したとしても、時代の流れを把握することは、とても大事なことです。

人がやっていることや、流行をなぞるだけでは、結局は時代を追いかけているだけで、どうしても先細りになってしまいます。

その点、**繊細さんはターゲットとなる人たちの集合意識が、どっちを向いているのかを察知することができます。意識の向きがわかれば、どんな時代がやってくるのかもわかるんです**よ。

ですから、時代を追いかけるのではなく、新しい時代を創ったり、時代を牽引《けんいん》したりしていくことができます。

新しいものは、今までの基準で作られるものではありませんから、人に言っても、最初は受け入れられなかったり、そんなものは売れないと言われたりするかもしれません。

もしも、そんなことを他の人たちに言われても、あきらめないでください。世の中には、先頭に立って切り開いていく人と、それを追いかける人がいるのです。

そしていつも、先頭に立つ人の方が圧倒的に少ないので、追いかける側の人たちには、最初は新しいものは理解されません。

でも繊細さんには、それが社会に求められるものであることが直感的に理解できるんです。根拠はないけれど、これは絶対に多くの人に求められるものだということがわかるんですよ。その商品なり、サービスなりが、世の中に普及していくことで、どういう世界になっていくのかが見えるんです。

根拠はないけれど、未来のビジョンはありありと見えます。

この未来のビジョンこそが、宇宙から降りてきた叡智なのです。直感は論理を超えていますよね。宇宙には論理なんてありません。「ただある」のが宇宙です。

ですから、逆にこの**根拠なき直感こそが、宇宙から降りてきた叡智であるサインなのです。**

どうぞ、その直感を信頼し、大事にしてください。

直感的に、次の時代に何が求められるかわかったとしても、それをどのようにカタチにしていけばいいのかわからなくなるかもしれません。

でもね、それも直感を通して、宇宙から降りてくる叡智を活用すればいいんです。

たぶん、その直感は、どこから始めればいいのかという最初の小さな一歩として降りてくるでしょう。

「えっ？　そんなことやるの？」ってちょっと戸惑うこともあると思います。でもその**最初の一歩さえ踏み出してしまえば、ドミノの最初のピースを倒したときのように、その次に何をすればいいのかは自動的に見えてくるし、自分自身も行動が自然に止まらなくなる**のです。

この状態こそが、流れに乗っている状態なのです。そして、一度流れに乗ってしまえば、後はその流れに運ばれていくだけでよくなっていきます。

けれどもそれは、勇気ある最初の一歩を踏み出すかどうかにかかっています。それができるなら、繊細さんなら時代の流れにきっと乗ることができます。

## 3 相手の気持ちを察することができる↓ファンが増え、お金の連鎖が止まらなくなる

どうせお金を払うなら、気持ちよく払いたいですよね。いい買い物ができたと満足できた方がいいですよね。

それにはもちろん、満足してもらえる商品やサービスを提供することなんですが、もう1つ大事なことがあります。

それは、**とにかくお客さんの気持ちに寄り添ってあげること**です。無理やりお金をむしり取ろうとするようなやり方をすると、最初はお金を払いたいと思ったのに、なんだかイヤな気分になってきて、買うのをやめたくなったりしますよね。

繊細さんは、本質的にあまり欲深くないんですよ。それよりも相手の心が満たされることを優先する傾向があります。

それが強すぎると、自分を犠牲にして相手に尽くしてしまい、消耗するだけになってしまいますが、そこは第3章でお伝えしたことを実践することで、自分を守れ

るようになるでしょう。

そういう必要なガードはするとしても、相手の気持ちを察し、寄り添える素晴らしい能力は大いに活用しましょう。

**その人が満たされるには、何を提供すればいいのか、相手の身になって一緒に考えてくれる繊細さんは、とても信頼され、重宝がられる**でしょう。

そして、またこの人の提供するものや商品を買いたいと思わせるので、リピーターも増えるでしょう。

さらに、**その人が自分の家族や友だちにも自信を持ってあなたを紹介するでしょうから、口コミでどんどんお客さんが増えていく**と思います。

こうして繊細さんのファンが増え、どんどんお金が流れ込むようになるのです。

時にはそんな常連さんたちのために、日頃の感謝を込めてイベントを開催したりするのもいいかもしれませんね。

そういうときは、まさに相手の気持ちを察する能力を発揮して、大いにお客さんを歓ばせればいいんですよ。

そういう損得抜きのサービスも、時には思い切ってやればいいのです。

あなたのファンミーティングのようなものですから、きっとあなた自身もやっていて楽しいと思います。

それに、結果的に常連さん同士がつながって、より強力にあなたを応援してくれるようになるでしょう。

**お金にとらわれず、魂の歓びに従えば従うほど、そんな素敵なアイデアも宇宙から降りてくるようになり、豊かさもますます流れ込んでくる**でしょう。

## 4 自然や動物、植物などと通じ合える↓心のゆとりを持てる

お金がたくさんあるだけで、人は幸せになれるのでしょうか？

**いくらお金を稼ぐことができても、お金第一で、お金に追われ、お金に支配されている人生だったら、決して幸せではない**でしょう。

お金のご主人様は私たちであって、お金に支配されてしまうなら、お金に振り回される不幸な人生になってしまいます。

もしも、そんな人生を送っているなら、それは豊かな人生とは言えないでしょう。

**心が満たされていて、心にゆとりがある状態が、真に豊かな状態です。そしてその状態にあるとき、私たちが発する周波数も、真に豊かな周波数となるのです。**

その真に豊かな周波数を発しているときに、お金だけでなく、人生のあらゆる豊かさが現実化し、バランスの取れた豊かな人生となります。

日常の中ではいろいろなことが起こります。しっかり受け取りたいものを受け取

り、受け取る必要のないものから自分を守っているとしても、人間ですから、心が動揺することもあるでしょう。心身が疲れを感じることもきっとあると思います。

そんなとき、どうすれば真に豊かな周波数に戻せるのか？

**繊細さんの場合は、自然に触れたり、無邪気な動物たちと戯《たわむ》れたりすれば、とても癒やされ、パワーチャージできる**でしょう。

なぜなら自然の持つ癒やしや浄化パワーを繊細さんは、より深く大きく受け取ることができるからです。

ですから、調子を崩したり、心が豊かな状態でなくなったりしたら、自然や動物、植物に癒やされればいいのです。

けれども、すぐに自然や植物に触れられない環境にいることもあると思います。

そんなときのために、**職場のデスクの上に、小さなエアプランツを飾って、仕事中でも自然に触れられるようにしたり、屋外に出られない状態なら、たとえば、アロマの力を使うのもいい**と思います。

人工香料と違って、天然のエッセンシャルオイルの香りは、直接的な癒やしやパワーチャージの力を持っています。

それがアロマテラピーと言われるものなのですが、ネットでエッセンシャルオイルを販売しているお店を検索すれば、たくさんヒットしますから、自分の近くのお店に実際に足を運んでみてください。

そして、実際に、様々なオイルの香りを感じてみるのです。繊細さんはきっと、そのオイルの持つ作用を敏感に感じ取れるはずです。

元気がないときはこのオイルがいいとか、リラックスしたいときはこのオイル。筋肉疲労のときはこのオイル。リッチな気分を味わいたいときはこのオイルなどのように、好きなオイルを4種類くらい選んで、**ミニボトルに小分けするなどして持ち歩けば、今、自然からの癒やしを受け取りたいと思った瞬間に、そのボトルを出して、その香りをかぐだけで、すぐに豊かな気分に戻れる**でしょう。

エッセンシャルオイルだけでなく、ハーブティーやコーヒーや緑茶などの飲み物にも、自然の持つ癒やしの力があります。**いろいろなものを試して、自分と相性のいいものを選んで常備しておけば、心にゆとりを持てる状態をキープできる**でしょう。

## 5 周波数同調能力が高い→豊かさを現実化しやすい

1つ前の項目で、自然や動物に触れることで、心のゆとりを取り戻し、真に豊かな周波数を発する状態に戻れるという話をしました。

自然や動物に癒やされ、浄化されやすいというのも繊細さんの強みですが、そもそも繊細さんは周波数同調能力が高いです。

周波数同調能力が高い人は、たとえば、やりたいことをやって成功し、お金がたくさん入るようになったらどんな気分になるのか、あるいは、どんな生活になるのかのイメージングも得意です。

現実化するには、よく実際にそれが実現した状態をありありと思い浮かべるといいと言われていますよね。

これって、どういうことかと言えば、要するに、**その夢の持つ周波数に同調すれば、それが現実化しやすくなる**ということなんですよ。これも宇宙の基本法則です。

周波数同調能力の高い繊細さんは、自分の望む幸せで豊かな状態を思い浮かべるだけで、その周波数に同調できてしまいます。

ですから、思いっ切り夢見て、思いっ切りその感情を味わい、楽しんだらいいということです。そうすれば、どんどん豊かで幸せな人生が現実化していくことになります。

そのとき、とても大事なポイントがあります。たとえあなたが夢を現実化させたときの感情やイメージをありありと感じられたとしても、自分自身がそんな人生を受け取ることを自分に許可していないと、受け取れそうで受け取れないか、受け取るまでにものすごく時間がかかったりします。

仮に許可ができていたとしても、苦労と引き換えにしないと受け取れないという価値観になっていたとしたら、散々苦労してやっと手に入るということになってしまいます。

あなたが、幸せで豊かな生活を送ることを、他の人に対して申し訳ないなどと思う必要はありません。

あなたが幸せで豊かなら、あなたの発する周波数も幸せで豊かな周波数になります。そうなったら、あなたの周りの人たちにもその周波数が波及し、周りの人まで豊かで幸せになっていくのです。

大きな視野で見れば、あなたの幸せはみんなの幸せでもあるということです。ですから遠慮する必要はありませんし、苦労と引き換えにする必要もありません。まして自分なんてそんな幸せで豊かな生活を受け取る価値がないなどと自己卑下する必要もないのです。

「自分褒め褒め大作戦」を覚えていますか？

宇宙はどんなあなたのことも愛しているのです。**あなた自身がどんな自分のことも愛するなら、宇宙の周波数と同調して、ますます豊かさも幸運もなだれ込むようになる**のです。

ですから、受け取る許可をしっかりするということと、幸せで豊かな生活を送るための引き換え条件を撤廃することをお忘れなく。

## 6 目に見えない周波数を感覚的に操作できる
## ↓祈りの力で豊かさを循環させられる

繊細さんは感覚的に周波数の違いを敏感に感じ取れます。ただ感じ取れるだけでなく、自分が発する周波数も意図的に変えることができます。

ここまでの項目でもお伝えしてきましたが、たとえば自然に触れることで心のゆとりという豊かさの周波数に同調できますし、イメージングによって豊かさの周波数に同調することもできます。

そして、その**周波数をたくさんの人に向かって送ることもできます**。

その力を活用して、たとえば朝起きたときとか、夜寝る前などに、この地上のすべての人が真に幸せで豊かな生活ができるように祈るのです。

祈りの力は、想像以上に強いです。治るように祈ってもらっている患者さんと、祈ってもらっていない患者さんでは、祈ってもらっている人たちの方が、治るのが早かったというカリフォルニア大学心臓学元教授ランドルフ・ビルド博士の実験結果があります。

さらに、毎日祈りを捧げている人と、そうではない人では、祈りを捧げている人たちの方が長生きするという実験結果もあります。

祈りは目には見えませんが、当然周波数があり、その周波数が現実に影響を与えているのだと思います。

ですから、**もともと周波数を敏感に感じ取れるし、それを流すということもできる繊細さんが、「この地上のすべての人が愛と光に満たされ、幸せで豊かな人生を送れますように」と毎日祈りを捧げるなら、その祈りの周波数は高い周波数なので、一瞬にして地上のすべての人に届く**ことになります。

そしてその周波数は巡り巡って、自分自身にもさらに大きくなって戻ってくるでしょう。

**この祈りは誰に対して捧げられているのかというと「この地上のすべての人」です。すべての人ということは、自分自身もそこに含まれているのです。**

ですから、人への祈りが巡り巡って自分に戻ってくるだけではありません。

自分の幸せで豊かな人生をも祈っていることになるので、それが、現実化しやすくなるのです。

祈っているときは、周波数がとても高くなりますから、現実化以前に、祈り自体が自分の周波数を高めに安定させ、邪気を祓うことにもつながります。

つまり、**祈りの力を活用できる繊細さんは、みんなの幸せに貢献できるだけでなく、邪気から自分を守り、自分の人生をも幸せで豊かな人生にしていくことができる**のです。

なにも豊かさに関する祈りに限りません。人の幸せにつながることなら、どんな祈りを捧げてもいいのです。

それによって繊細さんは、あらゆる側面から恩恵を受け取れるようになるでしょう。

## 7 表現力が豊か→自分の商品の魅力をアピールできる

あなたが自分のやりたいことを始めて、サービスなり商品なりを販売しようとしたとします。そのとき、その魅力を、生まれ持った表現力で素晴らしくアピールできるでしょう。

**繊細さんのいいところは、相手の気持ちに寄り添い、相手にとっての幸せを考えられるところです。ですから、その表現も、そのサービスや商品が、いかにお客さんの幸せにつながるかを、嫌みなく伝えられるでしょう。**

商品の魅力を伝えるときは、いかに役に立つかという具体的なメリットも大事ですが、そのサービスや商品に込めた自分自身の魂の歓びを伝えることなんですよ。人は商品のメリットで購入を決めるように見えますが、必ずしもそうではありません。

たとえば、同じパン屋さんでも、高級素材を使っているけれど、パンの作り手自体がパン作りを愛していないと、いくらその商品を広告で宣伝しても、やがて売れなくなってくるんですよ。

でも特別に宣伝もしていないけれど、パンを作ることが大好きで、お客さんの歓ぶ顔を思い浮かべて、安くておいしいパンを作り続けているパン屋さんは人気が出て、すぐに売り切れ、長く人気店として繁盛し続けます。

**魂の歓びは、商品に周波数として乗っている**のです。

そしてそれを手にしたとき、その周波数は繊細さんでなくても、ちゃんと相手に伝わります。魂の歓びの周波数が乗った商品は、それに触れただけでも幸せな気分にさせてくれます。

この本の中でも、人は魂の歓びのままに生きたいという本能のようなものがあるという話をしましたよね。だから、その商品に魂の歓びの周波数が乗っているなら、人気が出て当然なのです。

ですから、**商品をＰＲするときにも、その商品なりサービスなりを提供することができることに対する、自分自身の魂の歓びを表現するといい**と思いますよ。

## 8 細やかな配慮ができる↓目的のある貯蓄をしっかりできる

**細かいことによく気がつく繊細さんは、目的を明確にすると、そのための貯蓄をしっかりできる**はず。

たとえば家を買おうと決めたとします。自分が購入したい家の価格がわかったら、いつまでに購入するか決め、計画的に貯蓄ができます。

たぶん、家計簿をつけると決めたら、正確に細かくつけられるでしょう。食費、光熱費、通信費、交際費などなど、それぞれの支出項目ごとに、月々の予算を決めたら、その範囲内でやりくりするのも得意です。

ですから結局、目的さえはっきりすれば、他の人よりも早く購入できる人なんですよ。

いくら節約したとしても、使える範囲のお金を有効活用し、生活を楽しむ工夫もできます。そういう工夫も細やかな配慮があるからこそできるのです。

節約も繊細さんにとっては1つのゲームとして楽しめるでしょう。安くておいしくできるレシピや、ちょっとした工夫で光熱費を節約する方法や、お金をかけずに生活を楽しむ方法などをネットで検索しては、それを実践して楽しみます。

だから、決してひもじい思いをしたり、心まで貧しくなったりしないのです。

気づけば、家という人生最大の買い物も、他の人よりも早くできてしまうでしょう。

**細かい配慮ができるからこそ、無駄なことはせず、エネルギーを大事なことにだけ集中投下することができる**のです。

それがお金との付き合い方にも活かせるということです。

だから、家の中で特にリビングやキッチンの利便性にこだわるとしたら、そこにはお金を集中投下し、本当に利便性の高い最新式の設備にしたりするでしょう。

つまり、お金の使い方にメリハリがあるのです。

そして長く使うものほど、大好きで質の高いものを購入し、それを長く大切に使っていきます。

だから当然お金も貯まりやすいんですよ。そして、**貯まったお金をいつも有効に使えるので、繊細さんは細やかな配慮という能力を、お金の使い方にフル活用し、真の意味で豊かな生活を一生にわたってできる可能性が高い**です。

周波数を高めに安定させることとシールドさえ心がければ、繊細さんはそんな能力も発揮できます。

さて、あなたは今、何か購入したいと思っているものはありますか？ それが手に入ったら、とても生活を楽しめるようになり、さらに充実した人生を送れると感じるものです。

家でも、車でも、資格でも、店でも、なんでもいいです。ただ夢見るだけでなく、それにはいくらかかるのか？ どうすればその資金を貯められるのか、調べてみませんか？ たぶん調べる作業も繊細さんは得意なはず。

調べてみれば、そのゴールに到達する道筋も見えてくるし、そのために月々どれだけ節約していけばいいのかも見えてくるでしょう。見えてきたということは、実現するということ。きっと繊細さんなら、実現できると思いますよ。

## 9 人と群れずにいられる→独立によって収入の桁を上げられる

「ひとり」と読む漢字には、「一人」と「独り」の2つの漢字があります。

「一人」は人数としての1人というニュアンスです。

けれども「独り」は、自分の足でしっかり立っている「独立」のニュアンスがあります。

繊細さんは、これまではもしかすると、自分は人から理解されず「一人ぼっち」だと思ってきたかもしれません。自分のことを頼りなくて弱い存在だと誤解していた時期もあったでしょう。

一方で、繊細さんは人の群れから離れて、一人でいる解放感や自由も知っています。人に煩わされない環境にいた方が、自分の能力をのびのび発揮できることも知っているはずです。

ですから、**本質的に繊細さんは、自分の才覚を活かして独立し、フリーで仕事を**

**することに向いている**のです。

自分のやりたいことを、自分のやり方で、自分のペースでやる。

そのとき、繊細さんは最大の能力を発揮できるのです。それは私に言われるまでもなく、繊細さん自身がよくわかっているはずです。

いちいち上司に承認を取らなければならなかったり、指示に従ったりしなければならず、会議にかけないと物事が決まらない組織の中にいると、繊細さんでなくても気疲れしてしまいます。それに先も読める繊細さんにとっては、時代の先端を行くことが思い浮かんでしまい、組織の古い発想に対して、もどかしい思いもするでしょう。

**もともとスピリチュアルな能力も高く、宇宙から様々な叡智を受け取れる繊細さんは、そんな組織の中にいるよりも、宇宙の叡智を自分の裁量でダイレクトに活用できるフリーランスの方がよっぽど楽しく仕事ができる**のです。

ただ楽しくできるだけでなく、能力もフルに発揮できるので、会社勤めをしているときにもらっていた月収の桁が上がるということも、十分にあり得ることなのです。

ただ、独立するということは、それなりにリスクもあるでしょうし、覚悟も必要でしょう。けれども、そこは繊細さんの細やかさを活かせばクリアできます。

いつまでに、どういう形態で独立するのか決めたら、繊細さんなら、そのための資金がいくら必要で、どういう準備が必要か、しっかり計画を立てられると思います。

その計画に従って、着実に行動していけば、不安にそれほどとらわれることなく、確実に実現させていけるでしょう。

**そうなったら繊細さんは、もう人に理解されず、頼りない「一人」ではなく、自分の足でしっかり立ち、自分の道を歓びを持って切り開いていける「独り」となっているでしょう。**

恐れず、自分の能力と才覚を信頼し、独立独歩を目指していってください。

## 10 チャネリング能力がある↓お金のマスターから指導してもらえる

頭をカラッポにすることに慣れてくれば、宇宙からいくらでも叡智を受け取れるようになるでしょう。ただ、**宇宙から降りてくる叡智は、言語ではなく、エネルギーの塊のような状態で降りてくるので、もうちょっと人間に近い次元にいる光の存在たちからアドバイスをもらうことも、繊細さんならきっとできる**と思います。

たとえば、インドの女神であるラクシュミはお金や豊かさに関して、素晴らしい知恵を持っています。ラクシュミにつながれば、お金を増やすアイデアを教えてくれるでしょう。

同じインドの神様でも、ガネーシャは、あなたが豊かさを引き付けられるようになるための資質を高める方法を教えてくれるでしょう。

日本の神様なら、弁財天も力になってくれるでしょう。弁財天は芸能の上達にも詳しいですから、あなたが何か芸術的な表現を仕事にしているなら、それがお金につながる道を教えてくれるかもしれません。

富や繁栄に関わる光の存在だけでなく、あなたが好きな光の存在でもいいんですよ。彼らもきっと役立つ情報を提供してくれるでしょうし、やるといいことを教えてくれたりもするでしょう。

ただ、何を教えてもらったとしても、それを行動に移さないと意味がありません。それは各分野のチャネリング能力の項目でも、お伝えしている通りです。

特に**お金に関しては、ただ単にお金がたくさん入ってくるようになるためにどうすればいいのかではなく、心が真の豊かさの周波数を発することができるように、時にはお金と直接関係のないようなことをやるように言われることもある**でしょう。

でも、それにも従ってみるのです。

それはお金を熟知しているマスターに限らず、人間のメンターから指導を受けるときも同じことです。**こっちの価値観を脇に置いて、教えてくれる人の言う通りのことをやってみないと、今の自分を超えるようなブレイクスルーは起こらない**からです。そのことを肝に銘じて指導を仰いでください。

第7章

# 繊細さんは最強の幸せ者になれる

## 繊細さんは決して弱い存在じゃない

一般的に、**繊細さんと呼ばれるHSPの人たちは、敏感すぎて刺激に弱く、すぐに疲れてしまうというイメージがある**と思います。

確かに、すべてのものが発している周波数を必要以上に敏感にキャッチしてしまったら、体がもたないと思います。

でもそれは、人間として弱いということではないと思うのです。

弱さの定義にもよるかもしれませんが、人間として弱いという場合は、頼りなくて、力がないというニュアンスです。

でも、**繊細さんは決して力がないわけではありません。むしろ、人が感じ取れないようなことまで感じ取れる「大きな力」を持っている**のです。

もう一度言いますね。

大きな力を持っているのです。ですから決して弱いわけではないのです。

では頼りないのかと言えば、それも違います。チャネリング能力が高いので、光の存在をチャネリングすることもできますし、そもそも宇宙とのつながりを取り戻しやすい人でもあるので、宇宙の無限のサポートも受け取りやすい人です。

この世界を創造し、最高最善最強の宇宙とのつながりを取り戻しやすいなら、頼りないわけがありませんよね。

そんな叡智を活用できるのですから、賢くたくましく生きていくことができる。

**これまでの繊細さんのステレオタイプな認識を変えるときなのです。**

☆

自分が自分をどう思っているのか、つまり、自己認識はとても大事なものです。

自分自身が、自分を弱くて頼りない人間だと思うなら、そういう周波数を自分自身が発することになってしまいます。

周波数は似たような周波数同士が集まって、固まって、現実化していきますから、もしもあなたが、自分を弱くて頼りない存在だと思うなら、そう思い知らされるようなことが本当に現実化してしまいます。

ますます人や、外の世界で起こることに振り回されて、消耗することが多くなってしまいます。

どういう世界を創造するかは、いつも自分自身にかかっています。こういう言い方をすると、すごく責任が重そうに思うかもしれません。もちろん、自分の人生に、自分で責任を持つことは、とても大事なことです。

けれども、これは自分に自分の人生を創造する主導権があるということなんですよ。

自分は自分の人生を創造していけるということ。

そして、そのコアにあるものが、自己認識なのです。**あなたがあなたを弱くて頼りない人間だと思うのか、それとも、人が感じ取れないようなものまで豊かに感じ取る力があり、すべての創造の源であり、この世界で最高最善最強の宇宙からたくさんのサポートを受け取れる優れた存在なんだと思うのか。それによって、あなた**

**の人生は変わるのです。**

ですから、これを機会に、自己認識を変えましょう。今まで苦しんできた繊細さんにとっては、最初はなかなか自己認識を変えられないかもしれません。

けれども、それも習慣によって変えられるのです。

これから毎朝、自己認識を変えるアファメーションをしてください。

**朝一番にこれをするだけで、あなたのエネルギー体は強化されます。さらに、周波数も上がるので、自動的に低い周波数を発するものを弾き飛ばせるようになります。**１か月ほど続けるだけで、あなたの自己認識は変わっていきます。

やって
みよう！

# 自己認識を変えるアファメーション

1 窓を開けて朝日を浴びながら、自分が宇宙に無限に愛され、生かされていることに感謝する。

2 新鮮な氣《き》を深く吸い込み、全身の邪気を吐き出す。この深呼吸を、スッキリするまでやる。
※ゆっくり1回やるだけでもOK。

3 胸の中央に両手を重ね、「私は目に見えないものを豊かに感じ取れる優れた力を持っている」「私は無限なる宇宙に愛され、守られている」「私は強く、賢く、素晴らしい」と唱える。

POINT 曇っているときは、朝日の方角の空を見るだけでも大丈夫です。

## 繊細さんは自分で自分を守ることができる

第3章でお伝えした通り、受け取る必要のないものから身を守ることができます。ちょっと復習しましょうね。

**①「私は高い周波数とのみ、同調する」と決意する**
**②周波数を意図的に上げることで、ネガティブな影響を受けなくする**
**③ゴールドの光でシールドする**

この3つのことをお伝えしました。実は**①の決意が、一番大事**なのです。それは前の項目の自己認識を変えることにも通じることです。

自分には人生の主導権があり、自分がこうすると決めるなら、それが実現することを自分に許すということでもあるのです。

ですから、この①を忘れそうになったら、何度でも思い出してほしいんです。

そのために、自分の手帳の表紙を開いた裏表紙に、この決意を書いておいてもいいし、それを撮影した写真をスマホの待ち受け画面にしてもいいと思います。そうやって毎日リマインドし、強化していきましょう。

☆

もう1つ大事なことがあります。それは、**低い周波数に同調してしまっても、そういう自分を受け入れる**ということです。

丁寧できちんとやろうとする繊細さんですから、自分を守る方法を活用していても、うまくいかないときは落ち込むかもしれません。でも、人間は生きていれば、いろんなことが起こりますから。どうしても動揺したり、不安になったり、落ち込んだりすることもあっていいのです。

そんなことが起こったとしても、自分はやっぱりダメだって思わないことです。

もし、そういう状態になったとしても、一生懸命生きていることに変わりありませんし、宇宙から見れば、そういうあなたも無条件に愛おしいのです。

だからあなた自身も、**もしも低い周波数になってしまっても、あるがままの自分を愛してあげてください**。

「大丈夫だよ。ちゃんと宇宙に愛されてるし、そういう自分もいていいんだよ」と声をかけてあげてください。

なんなら、そういう自分を自分で抱きしめてあげてもいいです。

そうすれば、心が愛で満たされ、落ち着きます。

落ち着いたら、なんでもいいですから、**周波数高め安定㊙リストを開いて、周波数が上がることで、すぐにできることを自分のためにしてあげてください**。

心がほっと温まる飲み物を飲んでもいいですし、外に出て、空を見上げて太陽の光を浴びてもいいです。スマホに入っている子どもや、自分のワンちゃんや猫ちゃんの写真を見てもいいです。

そうして、心を解きほぐし、無理せずにゆっくりしてください。

無理に周波数を上げなきゃって焦らなくてもいいのです。

それだけでちゃんと心の波が穏やかに鎮まりますから。

☆

心が鎮まってきたら、自分をめいっぱい褒めてください。

「あんなに動揺していたのに、よく落ち着いたね。やっぱりあなたは素晴らしい人だよ、ちゃんと自分で自分を守れるだけの力を持っている人なんだよ」

この通りでなくても構いません。**落ち着きを取り戻した自分を、自分の言葉で精いっぱい褒めてあげてください**。

心を込めた褒め言葉が、あなたに自信を与えます。そして自然に周波数も上がるでしょう。

そしたらもう大丈夫。もう低い周波数に引きずられる状態ではなくなります。

今までは、どうすれば自分の身を守ることができるのか知らなかっただけです。

でも、これからのあなたはそうではなくなります。**慣れるまでは戸惑うこともあるかもしれませんが、絶対にあきらめないでくださいね**。繊細で敏感な人であるからこそ、その能力を活かして自分を守ることができるのです。

**「私は私を守ることができる」**

これからは、こちらの自己認識を採用してください。

繊細さんは、ちゃんと自分を守れます。動揺しても、そこから平静を取り戻し、周波数を上げることができる人です。

どうぞ自信を持ってくださいね。

## 繊細さんは断る勇気を持つことで、能力を発揮しやすくなる

誰でも追い詰められて、余裕がなくなると、不安感が強くなり、パニックになってしまいがちです。これは繊細さんに限ったことではないかもしれません。

でも、心にゆとりがあれば、落ち着いて対処することができます。

この心のゆとりが、繊細さんには、特に大切なのです。

第3章でお伝えした自分を守る方法もぜひ活用していただきたいと思います。

でも、それ以前に、**もともと敏感な気質なわけですから、心にゆとりが持てるように、無理をしないことを心がけることも大事**だと思います。

繊細さんの場合は、無理をすると、ＨＳＰ以外の人よりも、どうしても動揺しやすくなってしまいます。

ですから、スケジュールがキツかったり、長時間の緊張を強《し》いられたりする状況は、できるだけ避けた方がいいです。そんなことは、自分でもよくわかっていると

いう繊細さんも多いと思います。

ただ、心やさしい繊細さんは、避けた方がいい状況になっても、人の気持ちを察してしまうがために、断らずに我慢してしまうこともあると思います。

☆

**どうして断らずに、自分にとってしんどくなる状況であっても無理してしまうのか？**


それは、相手の気持ちを察することができるやさしさがあるというのも、もちろんあると思います。

でもそれだけではない気がするんですよ。たくさんの繊細さんを見ていて思うのは、子どもの頃に、自分のことよりも、他の兄弟姉妹や親の気持ちを優先しないと、受け入れてもらえなかった経験をしている繊細さんが結構多いということです。

**もともと繊細な気質を持っていただけでなく、後天的に、「自分を優先すると愛**

**されない」という思い込みを持つようになった可能性が高い**ということです。

いかがですか？　あなたにはそんなところがあるでしょうか？

今、あなたが自分にはそういう思い込みがあると気づいたなら、今日こそ、その思い込みを解放することができます。

**それはどんなときも他人を無視して、傍若無人《ぼうじゃくぶじん》に自分を優先していいということではありません。あなたの選択の権利を行使することを自分に許可するということです。**

それに、あなたが心のゆとりを持てる環境を自分に与えることができたら、あなたは持って生まれた、目に見えないものを感じ取る能力や、先を読む能力を発揮でき、宇宙の叡智をたくさんの人にシェアできる。そうなれば、あなたの提供するものが、たくさんの人の幸せにつながるでしょう。

それ以前に、感受性豊かなあなたが幸せで満ち足りた状態になれば、あなたの発する幸せの周波数は、他の人よりもたくさんの人に波及します。

つまり、あなたの幸せは、みんなの幸せにも貢献するのです。

ですから、

**自分が幸せに生きられる環境を自分に与えることは、わがままでも、人に迷惑をかけることでもないのです。**

まず、その認識をしっかり持ってください。

☆

**自分が幸せに生きられる環境を自分に与えることが、自分にとってとても大切なことであるだけでなく、みんなの幸せにもつながることだという認識がしっかりあれば、無理を強いられたときに、堂々と断ることができるでしょう。**

断ることに罪悪感があれば、相手はそれを映し出し、相手はあなたを責めるかもしれません。でもあなたにとって、これは当然の権利であり、みんなの幸せにもつながることだという自信があれば、それが相手にも伝わるので、相手もスンナリ受け入れてくれるでしょう。

最初は断ることに、抵抗があるかもしれませんが、意外と受け入れてもらえるし、交渉もできるんだということを一回でも経験すれば、だんだん抵抗がなくなっていくでしょう。

☆

繊細さんは、心にゆとりのある環境を自分に与えることができれば、もともと持っている様々な能力を思い切り発揮できるようになります。

第1章でお伝えした10の強みを思うままに発揮できるということです。

仕事も恋愛もお金も、それだけではありません。子育ても健康も余暇も……人生のあらゆる側面でその能力を活かして、最高に人生を楽しめるようになる。

それだけのポテンシャルがあるわけですから、**無理をせず、自分のコンディションを崩すようなことは、堂々と断っていい**のです。

## 繊細さんは宇宙にある無限の叡智、豊かさ、幸運を思い切り活用できる

ここまでこの本を読んできて、自分がいかに素晴らしい能力に恵まれているか、おわかりになったでしょうか？

繊細さんは、目には見えないけれど、確かに存在している周波数というものを、敏感に感じ取れる人なのです。宇宙の基本法則でお伝えした通り、すべてのものは特有の周波数を発していますが、それを感じ取れる人と感じ取れない人がいます。

繊細さんでなくても、誰でも多かれ少なかれ感じてはいます。でも、**繊細さんは生まれながらに、そんな周波数の微細な違いまで感じ取れる優れた能力を持っているる**のです。これは素晴らしいアドバンテージだと認識してください。

周波数の違いを感じ取ることができるから、自分の周波数がどうなっているのかを敏感に察知できます。

さらに、自分の発する周波数がどういうときに上がるのかも、周波数を感じ取れ

るからこそ、わかるのです。

そして、自分はどういうときに、あるいは、何をすれば周波数が上がるのかをリスト化し、それを活用して、周波数が下がったときは、周波数を上げることもできます。

☆

周波数を上げることができるなら、最高の周波数である宇宙の周波数に意図的に同調させることもできます。

**宇宙の周波数と同調できるなら、宇宙の無限の叡智も、豊かさも、幸運も、わざわざこちらからお願いするまでもなく、どんどん流れ込むようになる**のです。

それはラジオの周波数と同じです。FM宇宙の周波数に合わせれば、FM宇宙の放送が聞こえてきますよね。これも前にもお伝えしました。

それに、周波数は似た周波数同士を引き付けるところがあるので、あなたが幸せな周波数を発していたら、幸せや快適さ、気分のよさ、楽しさなどの似たような周波数がどんどんくっついて集まり、現実化していきます。

**周波数を使いこなせることが、この世界で最高の人生を創造するために、一番重要なこと**なのです。それが繊細さんにはできるのです。

☆

さらに、人の気持ちを察することができる能力を活かせば、最高のサービスを提供することもできます。

人間関係においても、気持ちを察するやさしさや思いやりがたくさんの人を癒やし、力を与えるでしょう。

そして、あなたがこの人と心から気が合うと思ったら、その相手に受け入れられやすいでしょうし、パートナーにも恵まれやすいはずです。

人の気持ちを察する能力と、細やかな配慮、そして先を読む能力を複合的に活かし、さらにチャネリング能力を活かして、光の存在からアドバイスをもらえたなら、新しい時代を創造するような商品開発だって可能です。

みんなとうまくやることもできるけれど、フリーランスとして、自分のペースとスタイルで自由に仕事をすることもできますから、あなたの持っている能力を専門家として提供することで、高い収入を得ることもできるでしょう。

その上、アーティスティックな能力も高く、表現力にも恵まれていますから、言葉であれ、音楽であれ、踊りであれ、絵であれ、動画であれ、なんだろうと、人の魂を揺さぶる伝え方ができるでしょう。

☆

繊細さん、**あなたはつまり宇宙の恩恵を思うままに受け取り、最高の人生を創造していくことができる能力に恵まれた人**なのです。

今までは繊細であることで、様々な苦労があったと思います。

でもそれは、その能力をうまく使いこなす術を知らなかっただけです。今のあなたは、もうそんな人ではありません。

どうすれば自分の身を守れるのかも理解していますし、受け取る必要のないものを避けることもできますし、逆に、受け取りたいものを選択して受け取ることもできます。

傷つきやすくて弱い存在という自己認識から脱却する方法も理解できたはずです。

そうです。自己認識を今こそ変えてください。

**あなたは宇宙に愛されるエスパーなんです。**

今日から胸を張って、恵まれたエスパー能力を、思う存分発揮し、最高の人生を創造していってください。

# おわりに

「繊細さん」……。いい言葉ですね。

やさしくて、人の気持ちが手に取るようにわかって。ただわかるだけではなく、自分の痛みとしても感じてあげられる。


だけど、その分とっても心がしんどくなりやすい。


その気質を理解してもらえなくて、「気にしい」で片づけられて、とっても悲しかったと思います。

それどころか、そんな自分はダメな人間なんじゃないかと思って、自分を責めてしまっていたことでしょう。

もともと繊細だからこそ、自己否定の刃《やいば》も、きっと自分自身を深く傷つけてしまい、とっても生きづらかったですよね。

でも、「繊細さん」。
あなたは、とても素晴らしい才能の持ち主なのです。
繊細だからこそ、
人の気持ちを自分のことのように感じられるからこそ、
目に見えない雰囲気や氣のようなものまで感じ取れるからこそ、
たくさんの人を幸せにできる人なのです。

私はそのことを、ぜひお伝えしたかったのです。

☆

そのためには大事なことが2つあります。

1つは不必要な刺激から身を守ること。

別な言い方をすると、目に見えないエネルギーから自分をシールドする方法さえわかれば、受け取りたいエネルギーは豊かに受け取り、受け取りたくないエネルギーを避けることができるのです。

それさえ身につければ、その豊かな感受性をヒーラーやカウンセラー、接客業やアーティスト、いえいえどんな職業にも大いに活かせます。

仕事だけでなく、プライベートでも人の何倍も人生を謳歌できます。

実は繊細さんは、とても才能に恵まれた人なのです。その素晴らしい才能を、あなた自身の幸せのために、そして多くの人の幸せのために、自信を持って活かしてほしいです。

そのために、もう1つ大事なことは、ありのままの自分を受け入れること。

繊細さんとして生まれてきたことを心から尊び、どんなときも、そんな自分の味方でいてあげることです。

あなたにその覚悟さえあれば、自分にいくらでも愛って注げるものです。

繊細だからこそ、その愛の質も精妙で深いところまで浸透するのです。

☆

今まではもしかすると、その愛を自分ではなく、他人が気持ちよくあるために注いできたかもしれません。

やさしさゆえの繊細さんのありがちなパターンです。

その愛を、これからはまず自分に注いでみてください。

「〇〇ちゃん、今日も一生懸命生きていてくれて、ありがとう」

「その感受性の豊かなところが大好きだよ」

「あなたがどんなにやさしいか、どんなに傷つきやすいか、私は知ってるよ」

「何があっても、どんなときも味方だよ」

そんな愛の言葉をしょっちゅう自分に浴びせかけてください。

繊細さん、よかったですね。繊細ゆえに、その愛も他の人よりも深く深く浸透しやすいのがあなたなのです。

繊細さんであることに誇りを持ってください。そして、ますますその光を放ってください。繊細さんの幸せを心から祈っています。

2024年　7月

大木ゆきの